Le Kybalion

L'ALCHIMIE HERMÉTIQUE ET LES 7 PRINCIPES UNIVERSELS
DE VÉRITÉ. UN GUIDE DES ENSEIGNEMENTS D'HERMÈS
TRISMÉGISTE.

ARCANA MUNDI

TABLE DES MATIÈRES

INTRODUCTION

*I*l est le Troisième Grand. Il porte le nom d'Hermès Trismégiste, un personnage mythique, entouré d'un voile de mystère, appartenant à la tradition *helléno-égyptienne*. Beaucoup doutent de son existence, d'autres croient qu'il est le Dieu du Verbe créateur. D'autres encore, sur les terres baignées par le Nil et brûlées par le soleil d'Afrique du Nord, s'adressent à lui sous le nom de Thot, le dieu pharaonique de la sagesse et de la connaissance. Comme souvent, le travail de l'historien est avant tout *archéologique :* pour démêler l'écheveau complexe de l'histoire, il faut trouver les sources, reconstituer les événements, retrouver les citations oubliées et accepter les incohérences. Imaginons donc que l'on creuse dans le passé du bassin méditerranéen. La figure d'Hermès Trismégiste remonte en fait à 540 avant J.-C., lorsque Hérodote traduit en grec ses aventures en terre étrangère. Des années plus tard, Platon, dans *Phèdre* et le *Cratyle*, soutient la thèse de son prédécesseur. Mais ce n'est qu'à partir du Ier siècle avant J.-C. que les témoignages sur Hermès Trismégiste se transforment en un fleuve en crue ; la *lecture hermétique* - que nous explorerons plus en détail en lisant le livre que vous tenez entre vos mains - se répand aux quatre coins de la Méditerranée. De là, nous voyons qu'Hermès-Thot, dès l'incipit homérique qui lui est consacré, est avant tout un messager, un interprète de la parole de Dieu. Sous le règne de Ptolémée IV Philopator (221-205), le nom de ce fascinant personnage historico-mythologique fut accompagné de l'épithète *Trismegistus* afin de renforcer son autorité et d'accroître son prestige. Par la suite, Hermès est resté un enchanteur, un astrologue, un philosophe et un alchimiste. Il aurait donné aux hommes le don de l'art, de l'écriture, de la littérature, du théâtre et de la poésie. Il les aurait instruits de la sagesse divine par la diffusion d'une quarantaine de manuscrits, remis en mains propres à ses disciples. Enfin, il les aurait arrachés au statut d'animaux et de barbares dans lequel ils avaient passé une bonne partie de leur vie, favorisant ainsi le progrès scientifique et technologique. Hermès est donc un bienfaiteur. Un sage. Il n'est donc pas étonnant que, de l'Égypte à la Grèce antique, en passant par le Moyen Âge et la Renaissance, de nombreux savants lui aient attribué la paternité de certains textes - de Platon à Hérodote, de Marsilio Ficino à Schuré au XXe siècle.

La Table d'Émeraude, les *Mystères d'Éleusis* et le *Cratère de la Sagesse* (également connu sous le nom de *Livres Sublimes*) ne sont que quelques-uns des manuscrits portant le nom d'Hermès Trismégiste. Des manuscrits encore plus archaïques, comme le *Pimandre* (alias le Berger des hommes), ont influencé la culture occidentale de manière radicale, en posant les fondements conceptuels du christianisme et des évangiles canoniques écrits par Marc, Matthieu, Luc et Jean. Son influence est donc plus tangible que jamais.

Cher lecteur, avant d'aller plus loin, je voudrais vous poser une question : pourquoi avez-vous décidé de vous plonger dans la lecture de ce manuel ? Je ne vous connais pas personnellement, je ne sais rien de vous, de vos passions et des livres (poussiéreux) qui attendent d'être lus sur l'étagère du haut de votre bibliothèque. Je ne peux pas savoir si vous êtes un curieux, un philosophe, un chercheur, un religieux, etc. Je ne peux être sûr que d'une chose : la fascination des écrits anciens exerce une attraction magnétique sur le cœur et l'esprit des hommes d'aujourd'hui. C'est parce que *la Table d'émeraude, le Cratère de la sagesse* et l'*Hermétique* sont les fondements de l'Occident, et d'autre part, puisqu'après tout ce récit du passé *nous concerne aussi un peu*. La philosophie égyptienne visait à répondre aux grandes questions de l'existence : l'*origine de la vie, notre raison d'être sur Terre et la possibilité de conserver l'âme après avoir quitté le corps*. Les hommes qui se sont interrogés sur les *questions avec un grand Q* denotre espèce ont fourni des explications qui, des millénaires plus tard, pourraient être qualifiées de *plus ou moins naïves*. Cependant, tenter de mettre de l'ordre dans le *chaos de l'Univers* (et de ses infinies manifestations) est une première et timide façon de comprendre les règles *secrètes et intangibles* qui régissent le cycle vie-mort, la succession des saisons, la *raison d'être des* catastrophes naturelles et, enfin, la centralité du progrès.

Le progrès, c'est d'abord la connaissance.

En effet, selon les anciens Égyptiens, c'est la connaissance qui a transformé Hermès, un homme comme tant d'autres, en un dieu immortel méritant de s'asseoir à la droite de Râ et, des années plus tard, de servir le Zeus de l'Olympe. Hermès-Thot est un *dieu parmi les hommes*. Un dieu au service de l'humanité.

Ses propos ne sont pas surprenants : « La voie du salut est ouverte aux élus qui ont déjà atteint la Connaissance. »

La connaissance est le *fil conducteur qui a* inspiré la rédaction de ce manuscrit. Ce qui suit est une tentative *sui generis de* déchiffrer la sagesse d'Hermès-Thot et ses enseignements sans tomber dans les domaines de la philosophie, de l'hermétisme et de l'alchimie. *Simplifier les thèses* contenues dans les pages de son *Kybalion*, c'est d'abord faciliter la circulation du *point de vue* hermétique et accélérer sa diffusion auprès d'un nombre toujours croissant d'adeptes.

Permettez-moi donc de vous accueillir dans les chapitres de ce texte avec une citation qui me tient particulièrement à cœur et qui, après tout, m'a incité à m'asseoir à mon bureau pour réaliser cet effort de vulgarisation. La pensée seule voit l'invisible, écrit Hermès dans *Pimandre,* car elle est en elle-même invisible (et) si tu veux la voir, pense au soleil, pense à la course de la lune, pense à l'ordre des étoiles. Qui maintient cet ordre ? Qui a donné à la mer ses limites ? ... Qui a posé les fondations de la terre ?

C'est la curiosité qui nous rend *merveilleusement* humains.

Que ce soit donc un magnifique voyage à la découverte de notre histoire et de notre passé.

Bien à vous,

Ezra Herzog

LE KYBALION

Parmi les œuvres hermétiques, le *Kybalion* est certainement la plus *controversée*. La raison en est double : d'une part, les manuscrits anciens, voire *très anciens,* rendent difficile la recherche de *l'identité de l'auteur* et, d'autre part, l'impossibilité de reconstituer les vicissitudes du texte complique également sa *datation.* Néanmoins, le Kybalion fait de l'ambiguïté sa marque de fabrique. Le livre a été imprimé pour la première fois en *1912* par *trois initiés* qui ont choisi de rester anonymes. Par conséquent, les informations contenues dans ses pages remontent bien au-delà de la prédication d'Hermès dans l'Égypte ancienne. Les mystérieux signataires de l'ouvrage ont juré que les thèses remaniées dans une tonalité moderne s'inspirent d'un manuscrit attribué à Hermès le Troisième Grand, transmis par les maîtres de sa philosophie hermétique de siècle en siècle, d'âge en âge. Il va sans dire que sa diffusion s'est accompagnée du scepticisme des chercheurs et de l'incrédulité du grand public : n'était-il pas plus probable qu'une poignée d'envahisseurs en mal d'attention aient décidé de livrer un livret fraîchement dactylographié sur le bureau d'une maison d'édition, se faisant ainsi passer pour de *pseudo-suiveurs millénaristes* en échange d'une maigre visibilité ? Pour se défendre de la pluie de critiques qui leur tombait sur la tête, les Trois Initiés répétèrent que la publication du Kybalion en 1912 serait la seule chance pour le commun des mortels de comprendre les dogmes de l'ancienne philosophie hermétique avant des siècles. Les détracteurs de l'œuvre n'ont cependant pas été convaincus par les positions des auteurs restés dans l'ombre ; beaucoup pensent que le Kybalion est un mélange savamment équilibré de dogmes helléniques et d'enseignements du *New Age* qui ont un certain attrait pour l'homme moderne.

Cependant, le manuscrit diffère grandement de la structure de la *Table d'Émeraude*, du *Cratère de Sagesse* et de l'*Hermetica*. L'élément révolutionnaire est l'introduction de préceptes (d'origine religieuse) qui invitent le lecteur à se retrousser les manches et à agir <u>concrètement sur</u> sa propre existence pour s'approcher de la même *Connaissance de Dieu*. Dans le Kybalion, la spiritualité des manuscrits archaïques est remplacée par un *ancrage* profond *dans la réalité*. Celui qui décide de naviguer dans la vie à l'aide des suggestions du Trismégiste est également en mesure de créer un chemin de transformation sur mesure, modelé selon les formes et les désirs de l'individu. Et c'est la raison pour laquelle le Kybalion a connu un certain succès, malgré les critiques acerbes de la communauté des chercheurs : en tant qu'êtres humains universellement unis par des peurs, des égarements et des rêves dans le tiroir, il est inévitable que la matière hermétique pique notre curiosité et catalyse notre attention. Le Kybalion est une œuvre humaine, écrite pour d'autres êtres humains. *Elle est donc, quelle que soit sa nature, enracinée en nous.*

La philosophie hermétique est avant tout *initiatique*. Ses fondements recèlent une incroyable matrice *objective et universelle* ; une matrice que j'aime à qualifier d'*unificatrice*. *L'intelligence, la force et la soif de connaissance* évoquées dans les pages du Kybalion - dont nous analyserons les principes dans les prochaines pages du manuel que vous tenez entre les mains - ont créé et gouverné notre monde. Cependant, la sagesse du

Trismégiste transcende la philosophie et ne se limite pas aux seuls préceptes de la science. C'est un *quid* qui se situe au-delà de la division rigide entre les sciences humaines et les disciplines technologiques. Il s'agit plutôt d'un résumé des lois qui sous-tendent l'univers, avec l'intention d'élargir la dimension cognitive de l'individu. *En bref, les paroles d'Hermès-Thot sont la source d'où jaillit toute manifestation cosmique.*

Je pense que mes déclarations sont, pour l'instant, encore trop abstraites. Il est temps, *lecteur*. Comme le soulignent les Trois Initiés dans l'incipit de leur manuscrit (1912) :

> « Le but de cet ouvrage n'est pas d'annoncer une philosophie ou une doctrine spéciale, mais plutôt de donner aux érudits une énonciation de la Vérité qui servira à réconcilier les nombreux fragments de connaissance occulte qu'ils peuvent avoir acquise, mais qui sont, semble-t-il, opposés les uns aux autres et qui servent souvent à décourager et à écœurer le débutant dans l'étude. Notre intention n'est pas d'ériger un nouveau Temple de la Connaissance, mais plutôt de mettre entre les mains de l'érudit une Clé Maîtresse avec laquelle il pourra ouvrir de nombreuses portes internes du Temple du Mystère à travers les portails principaux qu'il a déjà franchis. »

Intéressant, n'est-ce pas ?

Dans la routine quotidienne de notre vie, nous avons tendance à nous spécialiser *naturellement* dans un domaine donné de la connaissance humaine. Il nous manque la *clé principale* qui nous permet de faire nos premiers pas dans le *Temple du Mystère*. Ainsi, nous perdons de vue la compréhension universelle des expériences vécues, des informations apprises et des talents cultivés dès notre plus jeune âge. Pour sortir de la boucle de la *distraction* et de la *dispersion*, les Trois Initiés nous proposent de nous plonger dans la philosophie hermétique, non pas dans l'intention de créer une nouvelle *école de pensée*, mais plus simplement dans l'idée de modifier nos horizons individuels en vue d'une compréhension collective et unificatrice de la sagesse. Ils poursuivent :

> « le travail d'Hermès semble avoir été de planter la grande Graine de Vérité qui a grandi et s'est épanouie sous de nombreuses formes étranges, plutôt que d'établir une école de philosophie qui dominerait la pensée mondiale. »

Néanmoins, les vérités qu'il a enseignées ont été conservées intactes dans leur pureté originelle par des hommes de toutes les époques qui, rejetant un grand nombre de savants et de disciples, ont suivi la coutume hermétique de réserver leur vérité au petit nombre de ceux qui étaient prêts à la comprendre et à la maîtriser. La vérité a été transmise à quelques initiés dans chaque génération, dans les différents pays de la terre, qui ont maintenu vivante la flamme sacrée des enseignements hermétiques, et qui ont toujours été prêts à utiliser leurs lampes pour *rallumer les* quelques lanternes du monde extérieur, lorsque la lumière de la vérité s'est affaiblie et ternie à cause de la négligence, ou lorsque les mèches se sont encrassées avec des corps étrangers. Il y a toujours eu quelques personnes qui ont fidèlement gardé l'autel de la Vérité, sur lequel la lampe perpétuelle de la Sagesse était maintenue allumée. Ces hommes ont consacré leur vie à ce travail d'amour que le poète a si bien exprimé dans ses vers : « *Ô, que la flamme ne s'éteigne pas ! Caressez-la, âge après âge, dans sa caverne obscure, dans ses chers temples sacrés. Nourrie par les purs ministres de l'amour - que la flamme ne s'éteigne pas* ».

L'apport d'Hermès à la philosophie n'a pas tant consisté à fonder une école de pensée à part entière qu'à planter les bases de la *Vérité*, qui a germé au fil des siècles et s'est manifestée sous des formes multiples et hétéroclites. Plutôt que d'attirer un grand nombre de disciples, le Trismégiste a transmis ses thèses essentielles à un *petit nombre d'individus*, méticuleusement sélectionnés d'âge en âge, qui ont préservé la *pureté originelle de ses enseignements - jusqu'à leur publication au début du XXe siècle.* Ainsi, les initiés sont l'équivalent d'un pont : ils relient le passé au présent, fournissant les outils dont l'humanité a besoin pour envisager l'avenir avec *courage* et *conscience de soi.*

Dans l'introduction au *Kybalion,* les auteurs concluent :

> « Certains ont critiqué cette attitude des hermétiques, arguant qu'ils ne manifestent pas le bon esprit dans leur politique d'isolement et de réticence. Cependant, si l'on se penche un instant sur les pages de l'histoire, on constate la sagesse des Maîtres. Ils savaient qu'il était insensé d'essayer d'enseigner au monde ce qu'il n'était pas prêt ou désireux de recevoir. Les hermétistes n'ont jamais cherché à être des martyrs. Ils sont restés silencieusement à l'écart, un sourire de commisération aux lèvres, tandis que les " païens se déchaînaient bruyamment sur eux " dans leur amusement habituel à torturer et à mettre à mort les honnêtes, les malavisés. Ils imaginaient qu'ils pouvaient imposer à une race de barbares la vérité qui ne pouvait être comprise que par les élus qui avaient progressé sur le Chemin. L'esprit de persécution ne s'est pas encore éteint. Il y a certains enseignements hermétiques qui, s'ils avaient été promulgués publiquement, auraient attiré sur les maîtres de grands cris de dérision et d'insultes de la part des masses, qui crieraient encore *" Crucifie !*

Crucifie ! " ».

La question se pose donc de savoir si c'est vraiment le cas. Comment la philosophie hermétique a-t-elle influencé les époques du passé et, de nos jours, quelles ont été les réactions de réception à la publication du Kybalion ?

Pour le savoir, il est nécessaire de prendre du recul.

Notre histoire commence ici...

LES TROIS INITIÉS : SPÉCULATION BIOGRAPHIQUE SUR WILLIAM WALKER ATKINSON

Nous n'avons qu'un seul nom : William Walker Atkinson, alias *Yogi Ramacharaka*[1]. Le premier des Trois Initiés est une figure énigmatique et prolifique dans le *paysage métaphysique* du XXe siècle. La production littéraire qui nous est parvenue va de l'ésotérisme au développement personnel, de la mythologie à la sociologie. Atkinson a laissé une empreinte indélébile sur divers mouvements spirituels modernes, dont le *yoga, le reiki, l'Évangile de la prospérité* et *la loi de l'attraction*. Comme si cela ne suffisait pas, son histoire personnelle est aussi fascinante que ses manuscrits.

---

1. La reconstruction biographique d'Atkinson s'inspire du travail exhaustif publié par *Philip Deslippe*, doctorant au département d'études religieuses de l'université de Californie à Santa Barbara. Deslippe a publié des articles intéressants dans diverses revues universitaires (par exemple Yoga Journal et Tricycle : The Buddhist Review). En 2011, il a travaillé sur une édition définitive du Kybalion pour Penguin, qui a ensuite été traduite en trois autres langues et qui a également inspiré les sources (paraphrasées) des pages suivantes.

Né dans une famille de la classe moyenne à Baltimore en 1862, Atkinson voit sa vie prendre un tournant dramatique à la suite d'une dépression mentale et émotionnelle survenue à l'âge de 20 ans seulement. Atkinson aidait son père dans la petite épicerie familiale lorsqu'un amour non partagé pour une jeune fille du même âge rencontrée dans les rues de la ville l'a poussé à quitter le domicile de ses parents. Le garçon disparaît dans la nuit, sans laisser de traces. Il se retrouve dans un hôtel de Philadelphie, où il écrit une série de lettres et de notes de suicide qui ne correspondent pas aux intentions du jeune homme. Peu de temps après, l'auteur du *Kybalion* aborde les grands principes de la théosophie et est fasciné par les promesses révélatrices de l'ésotérisme. En tant que jeune provincial ordinaire, Atkinson trouve une orientation stabilisatrice pour sa vie - celle-là même qui l'accompagnera pendant plus d'un demi-siècle. C'est ainsi que le jeune homme de Baltimore part pour les États-Unis, traversant les trois quarts du pays pour entrer en contact avec des chercheurs et des éditeurs qui pourraient lui assurer une carrière prolifique dans le domaine qu'il a choisi. Comme souvent, la vérité des faits est bien plus brutale qu'on ne l'imagine. Atkinson se consacre d'abord à des travaux de bureau (fastidieux), puis se lance dans la vente et, dans un second temps seulement, découvre le métier d'avocat. En 1893, il entreprend des études de droit et devient avocat principal dans le centre de la Pennsylvanie. L'avenir radieux qui s'ouvrait devant lui s'écroule cependant en raison d'un refus de mutation. Ce revers l'éloigne définitivement de sa carrière juridique. C'est ce deuxième effondrement, suivi d'une période de disparition et d'introspection, qui marque le véritable début de son processus de changement. Atkinson se transforme en la figure clé de la *Nouvelle Pensée* que beaucoup vénèrent aujourd'hui comme une véritable divinité. Après s'être installé à Chicago, l'auteur du Kybalion devient écrivain et penseur spirituel, apportant une contribution significative à la littérature ésotérique et devenant rédacteur pour un certain nombre de revues de premier plan dans le même domaine d'investigation. Le passage quelque peu turbulent de la *faculté de droit* à l'*écriture engagée* n'est pas seulement une transition professionnelle, mais la condition sine qua non d'une maturation intérieure orientée vers la recherche d'une *vérité plus profonde* et d'un *impact existentiel plus large*.

Atkinson veut faire la différence.

Son engagement journalistique et la diffusion de ses positions sur la *Nouvelle Pensée* sont le résultat d'un engagement spirituel tangible, compris non seulement comme un *phénomène individuel* mais aussi comme un *mouvement collectif de grande ampleur*. Avec l'aide de plus d'une centaine de pseudonymes différents, il décide d'explorer le macrocosme ésotérique du début du XXe siècle sans préjugés fondamentaux. *Son objectif ?* Façonner une *pensée métaphysique et spirituelle* totalement inédite pour l'époque, afin d'influencer des générations entières de chercheurs et de praticiens à une époque où la frontière entre *science, religion et philosophie* ne cesse d'être bouleversée. Si le parcours de l'auteur du *Kybalion* représente un changement de carrière radical, il résume en fait l'essence même de son *parcours*. L'intérêt précoce pour la théosophie imprègne toutes les œuvres d'Atkinson et constitue un patchwork de références évidentes à Helena Blavatsky et à l'utilisation qu'elle fait du terme « *doctrine secrète* ». Les récits de *notre héros* reflètent une vision du monde influencée par la philosophie hermétique et favorisent la reconnaissance d'une validité universelle et interconnectée des traditions spirituelles mondiales. Atkinson intègre dans ses manuscrits les enseignements de l'*auto-assistance* et de la culture physique qu'il a absorbés au cours de sa carrière d'*employé de banque et de vendeur*, et son expérience juridique lui confère une prédilection pour la description de l'univers en termes de *lois*. Tout cela, sans négliger sa capacité à exposer des arguments avec une éloquence sans précédent. Sous la direction éditoriale d'Atkinson, le magazine *New Thought* voit sa diffusion augmenter de façon exponentielle, ce qui reflète le contexte de profonde transformation de la société américaine du début du XXe siècle.

Les États-Unis sont en train de passer de l'âge doré à l'ère progressiste. Dans une période d'urbanisation et de changements socio-économiques qui se succèdent à un rythme rapide, la *Nouvelle Pensée* offre des réponses aux *raisons pour lesquelles* certaines personnes réussissent alors que d'autres sont obligées de se débrouiller. Elle propose un chemin de croissance personnel basé sur des pensées et des désirs typiquement conformes aux valeurs du rêve américain. Atkinson s'adresse à ses lecteurs d'une voix claire, autoritaire, empathique et démocratique, promouvant l'idée que chacun, de l'industriel au jeune vendeur ambulant, peut bénéficier des principes de la *Nouvelle Pensée*. Comme si cela ne suffisait pas, il avait l'habitude d'inviter les lecteurs à son bureau pour leur donner des conseils dans une chronique régulière, se montrant toujours accessible et direct. *Un homme du peuple*, pourrait-on dire des années plus tard. Son interprétation de la *Nouvelle Pensée* est à la fois théorique et pratique. Il ne cherchait pas à subvertir radicalement le *point de vue* dominant, il était plutôt le gardien jaloux de cette tradition millénaire qui remonte à l'Inde archaïque. Atkinson a bordé la *Nouvelle Pensée* avec un véritable regard de scientifique, dévoué à son devoir de vulgarisateur, et a considéré la vie quotidienne comme un laboratoire chimique dans lequel il a testé et affiné ses idées, dans le *but d'assurer un impact tangible dans la vie des gens*. Contrairement à l'écrasante majorité de ses contemporains qui ne s'intéressaient qu'à la théorie, Atkinson ne réduisait pas ses enseignements à de simples stratagèmes pour matérialiser les désirs (comme les théories modernes de la *manifestation*). Il les présentait au grand public comme une méthode éprouvée et reproductible permettant de consolider et de clarifier ses objectifs personnels, toujours dans un souci d'engagement constant. L'une de ses devises était « *Mettez la pensée de côté et occupez-vous* » , comme pour souligner que la chimère de l'épanouissement personnel transcende la simple accumulation de richesses matérielles, mais valorise au contraire la *créativité, la productivité et un véritable sentiment d'appartenance au monde*. Dans son rôle central au sein de la *Nouvelle Pensée*, Atkinson commence à se consacrer à l'organisation et à l'édition de cours de yoga mensuels sous le pseudonyme de *Yogi Ramacharaka*. Le matériel qu'il imprime devient une série de publications éditées par la *Yogi Publication Society*, basée dans l'imposant gratte-ciel du *Masonic Temple de Chicago*. Attention toutefois : il est erroné de penser que notre homme cherchait à véhiculer une image de lui-même comparable à celle d'un gourou. Son but était plutôt de transmettre des enseignements millénaires dans une clé moderne et reproductible dans sa propre Amérique.

Cependant, le tournant n'a pas tardé à se produire : le déménagement d'Atkinson dans le sud de la Californie, motivé par la nécessité de prendre ses distances avec la figure de Sydney Flower et la controverse entourant le magazine *New Thought*, était une décision savamment calculée pour préserver sa crédibilité et son intégrité à un moment de *scandale* potentiel ; *un scandale qui affecterait inévitablement sa future carrière*. La subversion de l'environnement et du scénario amène Atkinson au centre d'un milieu *culturel et spirituel* fervent, amplifiant sa renommée et ses liens avec les principaux acteurs de la scène métaphysique américaine. Los Angeles, connue comme le centre spirituel des États-Unis, offre à Atkinson un environnement *réceptif et stimulant* pour accélérer la diffusion de ses enseignements. L'implication de l'auteur du *Kybalion* avec des personnes comme *Baba Bharati* lui permet non seulement d'approfondir sa compréhension des philosophies orientales, mais aussi d'élargir le champ de ses interventions, en enrichissant ses écrits de nouvelles perspectives passionnantes. La collaboration avec Baba Bharati et l'adaptation des textes hindous aux valeurs du public américain, en particulier, sont deux opérations menées sous le pseudonyme de *Yogi Ramacharaka*, et reflètent le profond respect d'Atkinson pour les traditions spirituelles de l'Orient et sa capacité à réinterpréter les enseignements du passé d'une manière qui résonne avec la vision du monde américaine. *Tout cela, sans renoncer aux dogmes de la Nouvelle Pensée.* De retour à Chicago, *Ramacharaka* fait preuve d'un engagement infatigable envers son art et sa passion pour l'écriture, publiant un volume impressionnant de manuscrits. Sa méthode d'écriture, qui implique une étude préliminaire intense suivie de sessions d'édition rapides et sans heurts, montre une fois de plus le dévouement, la passion et la profondeur des connaissances accumulées au fil des années. S'ensuit une période de fervente activité créatrice. Atkins lègue un *corpus* deplus de *quarante livres* et de nombreux articles, consolidant sa position de figure clé de la littérature métaphysique et du mouvement de la *Nouvelle Pensée* du début du 20e siècle. Non content de cela, l'écrivain de Baltimore continue d'inspirer les passionnés de métaphysique, de Nouvelle Pensée et du potentiel de l'esprit humain, attestant de la pertinence et de l'applicabilité permanentes de ses enseignements pour les chercheurs spirituels contemporains. Les livres qu'il a publiés, caractérisés par leur capacité à favoriser l'évolution et l'enrichissement de la pensée métaphysique, restent un hommage à l'attrait durable du mélange de différents courants spirituels, sans parler de la recherche constante sur l'esprit humain et son potentiel *cognitif et imaginatif* infini. Le processus de recherche, de diffusion et d'écriture atteint son apogée, son sommet, avec la publication de ce qu'il décrira lui-même, rétrospectivement, comme un *petit volume* : le *Kybalion*. Sous le pseudonyme énigmatique des Trois Initiés, l'auteur cherche à attirer l'attention du grand public. La pièce maîtresse du manuscrit s'articule autour de *sept principes universels*, dont le *Principe de Correspondance et le Principe de Vibration*, qui dériveraient du légendaire Hermès Trismégiste et auraient été transmis au fil des siècles par un cercle de maîtres éclairés, depuis le Trismégiste lui-même jusqu'à un cercle de disciples d'élite. Nous reviendrons sur cet aspect dans les prochaines pages du manuel que vous tenez entre les mains. Bien que le Kybalion se présente comme un texte ancien, *d'origine égyptienne et hermétique*, il est en réalité profondément enraciné dans le mouvement moderne de la

Nouvelle Pensée américaine, ce qui explique qu'il ait réussi à gagner un très large lectorat parmi les contemporains d'Atkinson. Tout en prenant ses distances avec les opérations commerciales de la *Nouvelle Pensée*, Atkinson n'a jamais cessé de contribuer à la cause de la revue, fournissant un nombre impressionnant d'articles et de chroniques très appréciés des abonnés. Tout en parcourant le pays pour assister à des réunions et à des entretiens, l'auteur du Kybalion a veillé à ce que la revue à laquelle son nom est attaché continue de passer de main en main, suscitant un intérêt toujours plus grand. En 1910, Atkinson assume temporairement le rôle de rédacteur en chef de *New Thought*, peu de temps avant que le périodique ne cesse de paraître. En 1913, l'ésotériste décide de retourner en Californie et s'installe à *Pasadena*, à quelques kilomètres de Los Angeles. Il y anime des réunions en milieu de semaine à *Blanchard Hall* pour le compte d'Annie Rix Militz, fondatrice du groupe de la *Nouvelle Pensée* appelé *Home of Truth,* attirant parfois des centaines de participants. Pendant cette période, bien qu'il ne soit plus rédacteur en chef du magazine, Atkinson continue à collaborer régulièrement avec *Nautilus*, la revue dirigée par Elizabeth Towne. Nombre de ses œuvres sont réimprimées dans des journaux de tout le pays, du *San Francisco Chronicle* au *Chicago Tribune*, ainsi que dans de nombreux autres périodiques régionaux, ce qui lui confère une grande visibilité. De retour à Chicago en 1916, Atkinson retrouve un certain nombre d'anciens collaborateurs et prend la direction d'une nouvelle publication, *Advanced Thought*, liée au même couple que la *Yogi Publication Society*. Pendant quatre ans, Atkinson dirige la revue, en fait un projet presque entièrement personnel, l'enrichissant de ses propres articles et chroniques, ainsi que de contributions sous ses nombreux pseudonymes.

Peu avant son retour dans le Midwest, le poète Carl Sandburg avait décrit Chicago comme une ville jeune, infatigable et travailleuse, la surnommant *la métropole aux larges épaules*. Atkinson, qui partageait auparavant un penchant pour l'engagement, le dévouement et le travail manuel, a été envahi par un profond sentiment d'admiration pour Chicago, se trouvant particulièrement productif et inspiré lors de ses séjours dans la métropole. Fasciné par l'énergie et l'ardeur au travail de sa nouvelle destination - en fait, sa première expérience à Chicago remonte à 1900 - il raconte à ses lecteurs la beauté des promenades sur *State Street*, comprenant profondément l'essence même des gens et de la ville. C'est à Chicago qu'Atkinson a écrit la plupart de sa *quinzaine de livres* sous trois nouveaux pseudonymes. Comme *Swami Panchadasi et Swami Bhakta Vishita*, il traite de sujets tels que l'aura humaine, le monde astral, le développement de la clairvoyance et des pouvoirs psychiques, filtrant souvent les phénomènes occultes à travers sa compréhension de l'esprit et de ses pouvoirs. Sous le pseudonyme français de *Theron Q. Dumont,* il se concentre plutôt sur les applications pratiques des pouvoirs mentaux, telles que la lecture de caractères, le développement de la mémoire, les techniques de vente et l'amélioration du magnétisme personnel, faisant preuve d'une approche polyvalente et pragmatique de l'exploration des capacités individuelles. Il n'est pas surprenant que ses écrits soient considérés, à part entière, comme les antécédents de la branche du développement personnel si en vogue au cours des dernières décennies (dans le monde entier, pas moins !). Grâce à son attitude foncièrement positive, l'auteur du Kybalion a établi une série de relations prolifiques avec la dernière génération d'adeptes de la *Nouvelle Pensée*, les soutenant activement par le biais de conférences et de participations aux événements de leurs organisations. Cependant, tout ce qui brille n'est pas or. Sa prédisposition à *se prêter à des* événements publics faiblit face à la formalisation et à l'institutionnalisation croissantes de l'*Alliance Internationale de la Nouvelle Pensée*. Cette dernière commence à se transformer en une sorte d'*église*. Lors de sa conférence annuelle de 1916 à Chicago, l'*Alliance internationale de la nouvelle pensée* crée un comité chargé de rédiger une déclaration de principes officielle qui sera présentée l'année suivante. Ainsi, tandis que ses estimés collègues se consacrent à la rédaction de principes de foi formulés avec une élégance irréprochable, Atkinson se concentre sur la rédaction de quatre paragraphes *sans queue ni tête*, arguant que la *Nouvelle Pensée* est un mouvement intrinsèquement fluide qui résiste à toute tentative de codification. Sa position suscite la désapprobation de ses interlocuteurs et provoque une longue série de communiqués, d'accusations et d'articles apologétiques qui divisent en deux l'âme même du mouvement.

En 1922, Atkinson s'installe à Detroit, où il publie avec Edward Beals la série *Personal Power,* qui reprend et retravaille les thèmes centraux de ses œuvres précédentes. Plus tard, sa femme et lui s'installent à Los Angeles, où ils resteront jusqu'à leur mort, dix ans plus tard. Malgré son âge avancé et l'obligation de maintenir un rythme de production réduit, Atkinson continue de donner des conférences et des cours, et ne faillit pas à son engagement en faveur de la *Nouvelle Pensée.* Or, le choix de l'auteur du Kybalion de ne pas s'occuper personnellement des aspects commerciaux de la publication de ses manuscrits, préférant les déléguer à d'autres, reflète une fois de plus sa philosophie ésotérique de la vie, orientée vers les dogmes. L'approche en question, bien que responsable de la vulnérabilité progressive d'Atkinson à l'exploitation du système d'édition et de ses pertes financières significatives, reste cohérente avec la croyance en un *potentiel illimité de richesse et d'opportunités,* similaire à celle prônée par son amie et mentor Helen Wilmans. La philosophie susmentionnée - que nous développerons dans les chapitres suivants - s'avère durable, en particulier pendant les décennies de productivité maximale. Cependant, avec l'âge et le déclin de sa santé dans les années 1920, Atkinson peine à produire de nouvelles œuvres, se limitant à un petit nombre de manuscrits inédits imprimés dans les dernières années de sa vie. La mort d'Atkinson en novembre 1932, dans une situation financière si précaire que sa famille a dû contracter des emprunts pour ses funérailles et son enterrement, représente la fin amère et quelque peu ironique d'un auteur dont les mots ont inspiré d'innombrables personnes dans leur quête de succès et de prospérité.

La Connaissance

La connaissance est indescriptible ; elle estau-delà de la logique, de l'explication et du langage. Elle *dépasse le Tout.*

Pour bien comprendre les positions des Trois Initiés, *lecteur*, un *travail d'abstraction* s'impose. Après tout, même les maîtres du *bouddhisme*, du *taoïsme* et de la philosophie *zen* étaient réputés pour leur mode de communication énigmatique et pour diffuser des enseignements qui, à y regarder de plus près, défiaient les limites strictes de la rationalité nécessaire pour guider les adeptes vers la compréhension d'une *Vérité insaisissable.* Ils cherchaient après tout à partager une Vérité qui transcende toute explication rationnelle. La *Force* et la *Sagesse* dont je parle dans ces pages opèrent au-delà des jugements de *victoire* et d'*échec*, de *récompense* et de *punition* que nous associons souvent aux divinités dans les croyances occidentales. Elle agit plutôt en accord avec sa nature. Nous pouvons choisir de nous *aligner sur elle*, en bénéficiant de ses vertus, ou de nous y opposer, en faisant face à ses conséquences.

Le *point de vue* de la philosophie trismégiste n'envisage ni enfer ni paradis. Plus simplement, elle transmet un ensemble d'informations nécessaires à l'atteinte d'une pleine maturité spirituelle. Pour mener une vie pleinement épanouie, l'homme moderne ne peut se passer d'une sorte d'illumination ; une illumination qui lui permette d'interpréter les *phénomènes de la conscience* d'une manière claire et évidente. Le *Kybalion* explore donc des lois et des *principes universels*, qui ne doivent pas être considérés comme des vérités absolues, mais comme des *outils créés par l'homme bien-aimé (Hermès) pour comprendre la dynamique du monde et s'harmoniser avec elle.* La philosophie de Trismégiste-Thot nous enseigne une vérité factuelle et, en même temps, très importante. Lorsque nous rencontrons des obstacles et des difficultés au cours de notre existence, ce n'est pas une divinité suprême qui nous punit par colère ou par jalousie à notre égard, comme le croyaient, en y regardant de plus près, nos ancêtres helléniques. Ce sont les lois naturelles que nous enfreignons qui provoquent le mal dont nous souffrons de manière circonscrite. De même, une vie sereine n'est pas le résultat d'une divinité pacifique et comblée, mais le fruit de l'accord avec lequel nous respectons les lois qui soutiennent le cosmos.

Je suppose que vous êtes encore un peu confus. Je vais donc vous donner un exemple.

Que se passerait-il si, un beau jour, vous décidiez de commettre un acte imprudent - comme sauter d'un toit ou vous exposer au froid et aux basses températures sans protection adéquate ?

Eh bien, vous souffririez.

Cependant, la souffrance qui résulte de votre *mode opératoire* n'est pas la punition d'une entité immortelle, mais le résultat *naturel* d'une violation des lois qui régissent le monde de la matière. Bien que triviaux, ces exemples soulignent la centralité du concept de *cause à effet,* qui opère à son tour dans les domaines plus cachés et plus complexes du bien-être émotionnel et spirituel. Avec une fréquence alarmante, incapables que nous sommes de comprendre les lois de la nature, nous violons les dogmes de notre équilibre intérieur sans même en être conscients - pensons aux mauvais comportements qui nous aliènent des autres ou nous poussent à manipuler et/ou à tromper les autres pour notre profit personnel. Là encore, la culpabilité, l'irritabilité ou la frustration qui en résultent ne sont pas le résultat d'une punition divine, mais plutôt une conséquence inévitable des actions humaines. En d'autres termes, il existe une profonde interconnexion entre nos actions individuelles et les fondements du cosmos. Chaque choix - même le plus insignifiant, croyez-moi - influence notre existence d'une manière subtile, maissignificative. Se croire étranger aux dynamiques relationnelles entre nous et nos interlocuteurs, entre nous et le monde qui nous entoure et entre nous et les autres êtres vivants (et oui, je parle aussi des êtres inférieurs que nous tuons et maltraitons sans aucun remords), c'est d'abord entrer en collision avec l'harmonie de l'Univers.

Les positions d'Atkinson sont fidèles à la *vision* susmentionnée : en tant qu'êtres humains *changeants et iridescents*, nous avons la capacité de percevoir la réalité d'une manière qui est généralement hors de notre portée - tout cela en vertu d'une conscience plus large qui englobe tous les niveaux de perception. À un stade avancé, nous commençons à accorder de l'importance aux interconnexions entre les différents aspects de la vie et du cosmos, en comprenant comment tout est lié dans un réseau complexe de *causes et d'effets*. Progressivement, nous sommes en mesure de réaliser que nos pensées et nos actions influencent non seulement le parcours personnel de l'individu, mais aussi le tableau général de la vie, avec un impact tangible sur l'environnement et les personnes qui nous entourent - et avec lesquelles nous sommes en relation. Le mot d'ordre est donc la *responsabilité personnelle et sociale*. Sur le chemin de l'éveil et de la croissance spirituelle, nous apprenons à dépasser les limites imposées par l'ego pour adopter une perspective *plus holistique et unifiée de l'existence*. Ce changement de *perspective* nous amène à agir avec plus de compassion et d'empathie afin de trouver l'harmonie non seulement dans notre environnement immédiat, mais aussi dans le monde plus vaste et plus diversifié qui nous attend au-delà de nos frontières spatiales rigides. Au fur et à mesure que notre conscience évolue, nous vivons dans un état de gratitude permanente, appréciant le caractère sacré et les liens profonds qui existent entre les êtres. Les enseignements hermétiques sont donc révolutionnaires et il n'est pas surprenant qu'ils se soient répandus comme une traînée de poudre à une époque de grands bouleversements socioculturels. En effet, ils nous rappellent que la possibilité d'un éveil spirituel n'est pas limitée à une élite d'individus choisis par le Trismegistus, mais qu'elle est accessible à toute personne prête à investir *du temps, de l'énergie et du dévouement* dans son développement personnel. La clé réside dans un engagement constant en faveur de l'amélioration de soi et dans la volonté de sonder les profondeurs de l'âme, afin de considérer les défis comme autant d'occasions de grandir et de se façonner. Ce que j'essaie de vous dire, lecteur/lectrice, c'est que la philosophie hermétique assimile le voyage de l'âme à un *voyage d'exploration et de découverte sans fin*, au cours duquel chaque pas en avant enrichit l'individu et contribue au bien commun. À travers ce voyage fascinant, mystérieux et singulier, nous nous transformons en individus plus conscients et plus épanouis, assumant le rôle de *porteurs de sagesse* capables d'éclairer le chemin de l'humanité vers un avenir clair et harmonieux.

Il y a un dernier aspect sur lequel j'aimerais attirer votre attention : dans l'approche hermétique, la notion de jugement est *totalement absente*. Notre conscience, à la fin de la vie physique, passe naturellement à un niveau d'existence supérieur (si elle est prête à franchir le pas), en harmonie avec les lois susmentionnées. Le passage en question n'est pas influencé par des conceptions morales - les mêmes que l'on retrouve dans les dogmes chrétiens. A cet égard, j'ai écrit un certain nombre de textes dans la série *Révélations perdues : livres et évangiles apocryphes oubliés* qui vous permettront d'approfondir le sujet en question de manière claire et facile, - mais il est déterminé par la maturité spirituelle et l'adéquation de la conscience. Si nous ne sommes pas suffisamment mûrs, nous restons dans notre état d'existence actuel pour grandir et nous améliorer encore. Il s'agit en effet d'un parcours universel de croissance dans lequel chacun - personne n'est exclu - peut accumuler de l'expérience afin d'influencer les incarnations suivantes, en progressant jusqu'à la perfection de la dernière étape.

Il ne reste plus, lecteur, qu'à s'approcher du but en découvrant le premier des sept préceptes contenus dans le Kybalion.

Le principe du
MENTALISME

« Les principes de la vérité sont au nombre de sept ; celui qui les connaît, qui les comprend, possède la clé magique par laquelle s'ouvrent toutes les portes du temple. »

Commençons par la fin : notre monde, avec tout ce qu'il contient (par exemple les êtres animés et inanimés, les pensées, les émotions, les objets, les phénomènes, les dialogues et les sentiments) peut être comparé à un *quid* composé d'une *intelligence supérieure*, incommensurablement plus avancée que ce que chacun d'entre nous peut imaginer. Oui, je parle d'une force encore plus vaste que l'intelligence artificielle ou les logiciels de pointe. Depuis la nuit des temps, toutes les grandes cultures du passé ont fait de leur mieux pour interpréter et nommer le *principe créatif*, en essayant de comprendre son essence et sa raison d'être.

Selon les chercheurs, les amateurs d'hermétisme ou les adeptes de toute

religion, le *désir universel* de comprendre qui a créé la Terre et ses manifestations découlent du besoin intrinsèque de l'être humain de donner un *sens*
et une *finalité* à son existence. En même temps, *la présence d'un Créateur
supérieur à la dimension matérielle incarne également l'espoir primordial
d'une vie au-delà de la mort.* Pour tenter de trouver la clarté dans l'océan
de phénomènes, d'expériences et de sensations, l'humanité a attribué à
cette entité toute une série de noms, de formes, d'intentions et même de
caractéristiques humanisées - *pensez à l'amour, à la jalousie et à l'orgueil.*
Les attributs des dieux et des entités supérieures reflètent davantage nos
projections et nos limites cognitives que la véritable nature de la créature.
Pour preuve de cette thèse, considérons le fait qu'en tant qu'humains, nous
avons même admis que de telles *vues* sur le sens de la vie et l'essence du
cosmos peuvent influencer nos actions, conduisant parfois à des conflits
fratricides et à des divisions basées sur des différences *de croyance, de culture,
de race, de politique et ainsi de suite.* Mais ces représentations sont l'expression *directe et tangible* des limites de l'individu, qui tente de mettre de
l'ordre là où il ne peut pas aller. *L'intelligence supérieure*, dans son essence,
est en vérité au-delà de tout attribut humain ou de toute catégorisation,
incompréhensible en termes *de temps, d'espace, de forme ou de dimension ;*
elle défie toute tentative de définition ou d'intuition complète.

Réfléchissez un instant, *chers lecteurs* : même les esprits les plus élevés et
les plus éclairés de notre époque (et des époques passées), appartenant à
des hommes et des femmes qui ont eu l'occasion d'entrevoir des *mystères*
bien au-delà de notre expérience de vie commune, se trouvent souvent
à court de mots pour décrire l'incommensurable supériorité de cette intelligence. La tentative (vaine) de transmettre quelque chose qui dépasse
l'entendement humain défie toute capacité d'expression, car ce qui est
perçu par une élite de personnes dépasse toute syntaxe, toute grammaire
et toute communication rationnelle. Seriez-vous capable de décrire une
couleur que vous n'avez jamais vue en utilisant uniquement celles que

vous connaissez ? Non, certainement pas. Vous ne pourriez pas prétendre que la nouvelle nuance est comme le vert, ou comme le rouge, le jaune ou l'orange. Elle est simplement dans l'essence même de sa manifestation tangible. Une transmission de connaissances est donc un échec. Dans un tel scénario, l'intelligence qui est perçue comme existant dans une sphère qui dépasse le concept d'*être* et de *non-être* devient un paradoxe pour l'esprit humain. Il n'est alors pas surprenant que même ceux qui suivent les enseignements des maîtres et des visionnaires les plus éclairés peinent à comprendre pleinement le sens ultime de leurs paroles et ne parviennent pas à transmettre les vérités profondes dont leurs mentors ont fait l'expérience. Ce phénomène conduit à des interprétations et à des dogmes qui peuvent s'écarter considérablement de l'original. Attention : selon les auteurs du Kybalion et conformément à la vision hermétique, cette difficulté ne se limite pas aux domaines spirituels ou religieux ; même dans le monde scientifique et académique, où l'investigation utilise des méthodes et des théories pour sonder les lois de la vie, la pleine compréhension de cette intelligence supérieure reste insaisissable. La quête d'une compréhension à 360 degrés unit les scientifiques et les spiritualistes malgré leurs approches disparates. Alors que le religieux cherche à établir un lien satisfaisant par la prière, le culte et la personnification de l'Intelligence sous des formes manifestes, le scientifique s'engage sur un terrain encore plus escarpé : il se concentre sur l'examen des lois naturelles, y voyant l'expression d'une force impersonnelle, mais extraordinairement cohérente et ordonnée. Tous deux sont en effet mus par la même fascination, même s'ils l'explorent à partir de perspectives diamétralement opposées. La vision scientifique, en particulier, trouve la beauté et l'ordre dans le chaos apparent de l'univers, interprétant la complexité et l'harmonie de la nature comme la preuve d'un système unifié, rationnel et incroyablement organisé.

Ainsi, tant les chercheurs spirituels que les scientifiques de laboratoire habitués aux chiffres, aux statistiques et aux expériences font de leur mieux pour comprendre et se connecter à la même Intelligence mentionnée ci-dessus, chacun à travers son propre *point de vue*, unique et indiscernable. Les deux catégories de pensée croient fermement en la validité de leur point de vue, s'étonnant souvent que l'autre ne puisse pas percevoir ce qui lui semble évident - qu'il s'agisse de foi ou d'études scientifiques. Cependant, l'intelligence que nous cherchons à étudier est tellement transcendante et complexe qu'elle dépasse la pleine compréhension des mondes spirituel et scientifique. Les deux approches offrent des perspectives précieuses et sont correctes à certains égards, mais aucune ne parvient à saisir l'essence globale de notre sujet. L'une des métaphores les plus efficaces trouvées par le passé pour clarifier l'essence même de ce *quid* supérieur consiste à utiliser une image purement abstraite : *un grand esprit ou une conscience cosmique qui englobe toutes les manifestations de l'Univers.* Nous pourrions dépeindre le monde (et tout ce qu'il contient y compris nous-mêmes) comme les reflets intérieurs d'une conscience universelle, prenant vie tout comme nos idées se forment dans notre esprit. Ainsi, l'univers et ses innombrables dimensions peuvent être considérés comme des pensées produites par l'Intelligence supérieure, tout comme chaque aspect de la réalité peut également appartenir à notre imagination. C'est précisément ce que suggère la conception contenue dans les premières pages du *Kybalion* : si nous pouvons percevoir l'univers comme mutable et en constante évolution, c'est-à-dire en accord avec les pensées intérieures toujours changeantes de cette grande Conscience, les lois fondamentales qui régissent l'existence restent absolues et immuables. Ces lois ne sont pas de simples illusions que l'on peut changer à volonté ; en fait, elles sont, elles aussi, des expressions de cette Conscience, intrinsèquement liées aux mêmes règles qui régissent *tout ce qui existe.* En d'autres termes, ce serait une erreur enfantine de croire que nous pouvons *plier* l'Univers en notre faveur au sens propre, puisque nous faisons aussi partie de la réalité imaginée par la Conscience Suprême. Cependant, nous pouvons étudier et comprendre les dynamiques qui sont activées dans la corrélation entre les éléments, et les utiliser à notre avantage - pensez aux progrès de la médecine, de la recherche biologique, de la chimie et (même) de la physique quantique.

Dans un tel scénario, une longue série de réflexions profondes sur la nature de l'être et de la conscience émerge, de manière à souligner un lien intrinsèque entre un nous et un Tout potentiel dans lequel nous sommes contenus.

Maintenant, je vous demande d'être très attentif aux informations des pages suivantes, car elles constituent le fondement de la doctrine du Kybalion.

À l'instar de cette vaste intelligence (ou conscience, si vous préférez) qui imprègne et anime l'existence sous toutes ses formes, nous, les êtres humains, possédons également des pouvoirs et des capacités qui reflètent, bien que sous une forme beaucoup plus limitée et simple, les mêmes capacités de création et d'imagination. Nous sommes, en quelque sorte, un microcosme du macrocosme, généré non pas en fonction de sa dimension physique, mais plutôt de sa dimension spirituelle et mentale. En bref, *nous partageons son essence*. Le Tout, ou la Conscience créatrice universelle, utilise l'esprit pour façonner les choses qui nous entourent et explorer la réalité à des échelles *inimaginables* ; nous, à notre manière, employons des processus cognitifs à petite échelle pour naviguer, interpréter et façonner notre vérité personnelle. Cette capacité de réflexion nous distingue profondément des autres êtres vivants et nous permet de construire nos expériences, d'élargir nos horizons intellectuels et d'aborder la vie avec une richesse de perceptions très enrichissante. En nous, l'étincelle du Tout est inscrite. *N'est-ce pas là une première et fascinante forme d'autonomisation et d'acceptation de soi ?* Notre esprit, reflété par la puissance créatrice infinie du Tout, nous permet de vivre dans une réalité façonnée en partie par nos perceptions et notre intellect, en partie par les stimuli extérieurs et ceux émis par nos interlocuteurs. Nous pouvons créer, dans les limites de notre existence, *des paradis ou des enfers personnels*, habitant chacun d'eux en fonction de la manière dont nous interprétons et réagissons aux événements existentiels. Le pouvoir de perception stocké dans notre boîte crânienne nous permet d'explorer, d'apprendre et, en fin de compte, de vivre une vie qui reflète nos rêves et nos désirs - même les plus intimes. Bien que nous restions liés aux lois immuables qui régissent l'existence, nous disposons d'une certaine marge de manœuvre qui mène à la liberté et à la satisfaction personnelle. Malgré notre capacité à façonner la réalité, il convient toutefois de souligner l'impuissance et la fragilité de l'être humain : il ne peut rien faire face aux grands changements du monde. En tant qu'individus finis et mortels, nous ne pouvons pas contrôler les événements extérieurs ni déterminer le cours des choses à l'échelle mondiale. Au contraire, nous possédons la capacité unique de gonfler nos voiles même lorsque des nuages apparaissent à l'horizon, de sorte que nous pouvons nous adapter avec souplesse et trouver des stratégies *alternatives et intelligentes* pour naviguer dans les défis existentiels les plus houleux, en exploitant notre intelligence pour traverser la tempête. Selon la vision hermétique, nous sommes donc toujours capables (en puissance) de reconnaître et d'exploiter le pouvoir de notre esprit. Pas seulement comme un outil de survie et d'adaptation, mais aussi comme un *pont qui nous relie à l'infinie complexité et à la beauté du Tout*. Notre conscience reflète l'essence même de la vie et nous offre un moyen de comprendre et de participer au mystère inépuisable de l'existence. *Toujours.*

Nous lisons dans le Kybalion :

> « *L'esprit (ainsi que les métaux et les éléments) peut être transmuté, d'état en état, de degré en degré, de condition en condition, de pôle en pôle, de vibration en vibration* ».

En d'autres termes, la plasticité de l'esprit est le *fil conducteur* qui a permis à l'homme d'évoluer, de s'engager, de créer, d'idolâtrer ses dieux, d'écrire, de peindre, de courir un marathon et de conquérir un sommet.

En bref dans le Kybalion, il est clair que notre faculté de penser possède un pouvoir extraordinaire, qui nous permet d'affronter et de surmonter les petits et grands obstacles de la vie quotidienne. Grâce à la capacité *de penser, de visualiser, d'imaginer et de créer*, nous pouvons trouver des solutions pragmatiques à la plupart des problèmes abstraits que nous rencontrons sur le chemin de la pleine maturité. L'impulsion générative dont je parle, lecteur/lectrice, nous donne également la possibilité d'influencer notre *destin* et de choisir délibérément la manière dont nous percevons la *réalité*, ce qui détermine à son tour nos *états émotionnels et mentaux*. Si nous ne pouvons pas contrôler les événements du monde extérieur, nous pouvons en revanche exercer un certain contrôle sur notre monde intérieur grâce à la connaissance et à la maîtrise de nos facultés de réflexion. La clé réside dans la *perception* : nous sommes libres d'orienter et de modifier la façon dont nous observons les événements extérieurs, même si cela demande des efforts et n'est pas facile dans la plupart des cas. *La réalité est immuable et absolue, mais la perception que nous en avons ne l'est pas. En d'autres termes, notre réalité individuelle est influencée par la manière dont nous interprétons les événements, et non par les événements eux-mêmes.*

Selon la position hermétique, que la psychologie moderne a également nourrie, un événement n'est ni bon ni mauvais en soi ; c'est notre façon de le percevoir qui influence notre état mental. En changeant de perception, nous pouvons également modifier de manière significative notre expérience existentielle. Nous n'avons pas le superpouvoir de voir et d'interagir avec le monde tel qu'il est réellement ; cependant, nous utilisons un filtre très personnel et modifiable qui détermine nos perceptions. *Changer notre perception signifie changer notre monde personnel.*

Intéressant, n'est-ce pas ?

Le principe du mentalisme énonce dans le *Kybalion* :

> « Selon ce dogme, tout ce qui existe, y compris les mani-
> festations que nous observons comme la vie, la matière et
> l'énergie, est en fait une forme d'esprit insondable. Cet esprit,
> bien qu'indéfinissable, peut être compris comme <u>un esprit</u>
> <u>universel, vivant et infini</u>. Par conséquent, l'univers entier
> est une manifestation mentale de ce principe fondamental,
> soumis à ses lois. Tant dans son ensemble que dans ses parties
> individuelles, l'univers existe dans l'esprit de ce principe fon-
> damental. Cette compréhension permet d'expliquer divers
> phénomènes psychiques qui, tout en suscitant un grand in-
> térêt, échappent à l'analyse scientifique traditionnelle.

> La compréhension de ce principe nous permet d'<u>utiliser con-</u>
> <u>sciemment les lois qui régissent l'univers mental à notre avan-</u>
> <u>tage, en évitant de les utiliser à mauvais escient</u>. La connais-
> sance agit comme une clé d'accès au domaine de la sagesse
> relative à l'esprit, fournissant une base solide pour explorer
> les profondeurs de la force, de l'énergie, de la matière et de
> leur lien avec l'esprit. L'un des *grands maîtres* a déclaré que la
> compréhension de la nature mentale de l'univers marque une
> avancée significative sur le chemin de la connaissance. Cette
> affirmation reste valable à toutes les époques de l'histoire, car
> elle démontre que sans cette compréhension fondamentale,
> les efforts pour accéder à d'autres niveaux de connaissance
> restent vains ».

Le Tout

> *« À la base et après l'univers du temps, de l'espace et du changement, se trouve la vérité fondamentale, la réalité substantielle ».*

Le *Kybalion* attire l'attention des lecteurs sur un aspect prioritaire de la compréhension du cosmos.

La substance est avant tout l'élément fondamental qui forme la <u>base de toutes les manifestations visibles</u>, devenant une forme d'*essence* ou de *réalité ultime* à la base de tout. Par conséquent, lorsque nous parlons de *quid* de la substance, nous parlons avant tout de quelque chose d'authentiquement réel - *solide, stable, vrai et durable*. Derrière les façades changeantes de ce qui apparaît à l'extérieur, il y a toujours une **Réalité substantielle** qui répond aux dogmes et aux lois d'une *règle universelle*. L'observateur de l'univers, dont il fait lui-même partie, ne remarque que le changement continu : *dans la matière, dans les forces et dans les états mentaux*. Il perçoit que rien n'est permanent, que tout est en perpétuel devenir. Chaque entité naît, grandit et entame son déclin au moment même où elle atteint son *apogée*. La loi du rythme - que nous aborderons en détail dans les prochains chapitres du manuel que vous tenez entre les mains - opère sans cesse à l'endroit précis où rien ne s'arrête ; chaque entité émerge, évolue et périt. Dans ce contexte dynamique, la seule constante est le Changement lui-même. Cependant, l'être humain, doté de capacités de réflexion très prononcées par rapport aux autres êtres vivants, se rend compte que le changement ne se déplace qu'en surface ; il est le reflet extérieur d'une force plus intime et dynamique, d'une *Réalité substantielle* qui sous-tend et donne un sens à des transformations apparemment éphémères.

Les philosophes et les penseurs de toutes les époques et de tous les pays ont unanimement reconnu l'existence de cette *Réalité substantielle* particulière, principe fondateur sur lequel reposent la plupart des écoles de pensée qui se sont répandues dans le bassin méditerranéen depuis l'Antiquité. Bien qu'ils aient utilisé des noms différents pour la décrire - de la *divinité* à l'*infini*, en passant par l'*énergie éternelle* et la *matière* - sa présence est une vérité évidente et universelle qui transcende le *besoin d'être discutée*.

« Dans ces conférences, écrivent les Trois Initiés, nous nous inspirons de la tradition des éminents penseurs hermétiques, anciens et contemporains, qui ont désigné cette force fondamentale par le terme hermétique de *Tout* ». Cette définition représente la conception la plus large attribuée à ce qui surpasse toutes les définitions attribuées par l'homme.

Adoptant et diffusant les enseignements des grands maîtres hermétiques, ainsi que des âmes les plus élevées qui ont eu le privilège d'expérimenter des niveaux d'existence supérieurs, nous partageons la croyance que la véritable nature du Tout demeure *inconnaissable*. C'est un principe accepté, car la pleine compréhension de l'essence du Tout est hors de portée de l'homme. Les hermétistes soutiennent que le Tout, dans son essence la plus profonde, *est et doit rester un mystère*. Enparticulier, les maîtres de l'Antiquité considéraient les théories, *les hypothèses et les spéculations des théologiens et des métaphysiciens* comme de vaines tentatives d'esprits finis pour percer *l'énigme de l'infini*. Malgré tous leurs efforts, ces expériences n'ont jamais atteint leur but premier, entraînant les inquisiteurs dans un labyrinthe de pensées qui finit par les éloigner de la lucidité rationnelle et les rend incapables de faire face à la vie quotidienne, *comme s'ils étaient revenus à leur point de départ après s'être égarés dans une impasse.*

En particulier, ceux qui tentent de projeter leurs caractéristiques personnelles sur le Tout, afin de l'humaniser par des émotions négatives, des sentiments et même des états mentaux tels que la jalousie ou le besoin d'adoration, sont particulièrement présomptueux. En effet, les attributions humaines ne sont pas appropriées dans le cadre d'une réflexion sur la nature du Tout et devraient être abandonnées dès que possible, car elles sont incapables de refléter un point de vue mûr sur la question. En explorant ces idées, il est également utile de faire la distinction entre les concepts *de religion, de philosophie et de théologie.* La **religion** peut être considérée comme la conscience intuitive de l'existence du Tout et de la relation entre celui-ci et l'être humain. La **théologie**, quant à elle, concerne les tentatives de l'homme d'attribuer des qualités humaines au Tout, en ignorant sa *véritable essence* et en privilégiant l'utilisation de théories spéculatives sur les plans divins, les intermédiaires et les figures-ponts entre le Tout et l'humanité. La **philosophie**, enfin, se préoccupe de la recherche du sens de ce qui peut être connu et pensé, tandis que la **métaphysique** étend cette recherche au-delà des limites de la connaissance possible, d'une manière qui n'est pas sans rappeler celle de la théologie. Pour nous, *la religion et la philosophie* sont donc enracinées dans la réalité, tandis que *la théologie et la métaphysique* reposent sur des concepts moins solides, ancrés dans l'ignorance des races inférieures. *Cette distinction n'est pas imposée, mais proposée comme une explication de notre vision* » - concluent les auteurs.

Bien que la nature du Tout soit en fin de compte inconnaissable, il existe certaines *vérités fondamentales* sur son existence que l'humanité est appelée à reconnaître. L'étude de ces concepts constitue un *domaine d'étude légitime,* en particulier lorsqu'elle s'aligne sur les enseignements des *Illuminati* qui ont atteint une compréhension plus élevée.

Parmi les vérités proposées, on peut citer les suivantes :

- *Ce qui est la réalité substantielle ne peut être nommé, mais les sages l'appellent le Tout.*

- *Dans son essence, le Tout est inconnaissable.*

- *La voix de la raison doit être accueillie et traitée avec respect.*

L'humilité et l'ancrage dans la réalité sont les deux pierres angulaires qui, selon les hermétistes, permettent d'approfondir les caractéristiques cognitives du Tout.

Mais ce n'est pas tout : notre compréhension du Tout, guidée par une faculté de pensée qui, par nature, est incapable de révéler la Vérité suprême, nous oblige à prêter attention à certaines considérations fondamentales qui définissent sa nature : **A)** l'omniprésence du Tout. Qu'est-ce que cela signifie ? D'un point de vue pratique, ce Tout englobe tout ce qui existe. Il ne peut y avoir rien en dehors de lui, sinon il ne serait plus et perdrait son statut. Par conséquent, cela implique que *tout fait* partie d'un quid qui englobe tout et dans lequel même les contraires coexistent dans une relative stabilité. **B)** Le Tout est à la fois infini et éternel, sans frontières ni limites dans le temps et l'espace. Le principe en question découle du fait qu'il n'y a rien qui puisse définir, confiner ou limiter la totalité des phénomènes. Le Tout a toujours existé et existera toujours, puisque rien ne peut sortir du néant et que rien ne peut cesser d'être. De plus, le Tout est également omniprésent, puisqu'il subsiste partout et sans interruption, et possède un pouvoir absolu sur la réalité matérielle, n'ayant aucune force extérieure (et contraire) en dehors de lui. **C)** Le Tout est immuable. Ou plutôt, sa nature essentielle l'est. Il ne peut être augmenté, diminué ou détruit. Il a toujours existé dans un état de continuité perpétuelle, et il n'y aura jamais aucun changement extérieur qui puisse l'empêcher de proliférer conformément aux lois qui le définissent.

Les réflexions qui émergent de la lecture du Kybalion invitent l'adepte (ou le curieux, selon le cas) à réfléchir sur un aspect fondamental : un quid changeant, changeant, limité et imparfait ne peut être considéré comme le Tout. Puisque rien n'existe en dehors de lui, les *manifestations finies* doivent être analysées dans un autre contexte, mais sans s'opposer à la philosophie hermétique ou à d'autres visions du monde transmises de génération en génération.

De plus, l'observation humaine de la *matière* - considérée comme un fondement physique de l'univers - amène à reconsidérer la nature de tout événement. En fait, la substance, telle *qu'elle est traditionnellement comprise,* n'existe pas en soi, mais est plutôt *une expression de l'énergie ou de la force à un état vibratoire inférieur.* Tout cela est conforme à la vision de la science moderne, selon laquelle les substrats matériels ne sont pas quelque chose de statique et d'immuable, mais un phénomène dynamique ; un mystère qui - encore des millénaires plus tard - échappe aux définitions matérialistes canoniques.

Le principe de
CORRESPONDANCE

C'est, de droit, le plus populaire des sept principes du Kybalion. Il s'agit du principe de correspondance, qui se lit comme suit :

> « *Comme en haut, il en va de même en bas ; comme en bas, il en va de même en haut. Comme à l'intérieur, il en va de même à l'extérieur ; comme à l'extérieur, il en va de même à l'intérieur. Comme ce qui est grand, ce qui est petit* ».

Cher lecteur, j'imagine que vous êtes encore un peu perdu. Passons donc la parole aux Trois Initiés, et tentons de définir la base conceptuelle d'un dogme hermétique considéré par beaucoup comme incompréhensible et (terriblement) abstrait.

Ainsi, dans le Kybalion, on peut déduire qu'il existe un parallèle entre les lois universelles et les phénomènes qui se manifestent à différents niveaux de l'existence :

«Il existe un parallèle entre les lois universelles et les phénomènes qui se manifestent à différents niveaux d'existence. La compréhension de ces parallèles permet de résoudre des énigmes et de percer des mystères cachés par la nature. Bien qu'il <u>existe des réalités qui échappent à notre connaissance directe, l'application du principe de correspondance ouvre la voie à la compréhension d'aspects qui, autrement, resteraient inconnus.</u>

Les hermétistes de l'Antiquité voyaient dans ce principe un outil crucial pour surmonter les barrières qui limitaient la vision vers l'inconnu. Sa pratique permettait de discerner ce qui était caché, facilitant le passage de la connaissance de l'évident à celle de l'occulte. Ce principe, similaire aux fondements de la géométrie, permettait de calculer les magnitudes, les distances et les mouvements des étoiles à partir de positions éloignées. Grâce à l'analyse de la monade[1], l'hermétiste parvient à comprendre les réalités supérieures, s'approchant ainsi de la compréhension de l'archange ».

---

1. D'après l'encyclopédie Oxford : « entité unitaire, simple, indivisible ; dans la philosophie pythagoricienne, l'élément mathématique premier de l'univers ; sens repris par G. Bruno (1548-1600), qui en fait l'unité indivisible, spatiale et psychique, en antithèse aux atomes de Démocrite ; d'après G.W. Leibniz (1646-1716), chacune des substances ou centres de force (ou de conscience) infinis et inextendus qui, en tant qu'unités autonomes, constituent l'univers ».

Qu'est-ce que cela signifie ? Le Principe de Correspondance offre une perspective totalement nouvelle et passionnante *sur l'universalité des lois qui régissent l'existence.* Le concept qui sous-tend la thèse hermétique, enracinée dans les enseignements attribués à Trismégiste, souligne l'interconnexion entre *le macrocosme et le microcosme, entre le monde extérieur et le monde intérieur, entre le physique et le spirituel.* En bref, l'incipit « *comme en haut, comme en bas ; comme dedans, comme dehors* » signifie avant tout que chaque niveau de réalité reflète les autres dans le but de révéler une profonde *harmonie universelle.*

Dans son essence la plus intime et la plus pragmatique, le principe de correspondance amène l'adepte à réfléchir au fait que les *actions quotidiennes, petites ou grandes,* peuvent avoir des répercussions significatives à grande échelle. C'est là qu'intervient l'importance des habitudes individuelles dans le contexte d'une vie plus large et globale. Un exemple ? Dès que nous décidons de négliger un aspect de notre existence, nous provoquons des déséquilibres dans des domaines *apparemment* sans rapport, comme dans une sorte d'*effet papillon* existentiel. Pour ceux de mes lecteurs qui ne sont pas familiers avec ce principe mathématique exquis, l'effet papillon est « une locution couramment utilisée pour indiquer *l'extrême sensibilité aux conditions initiales dont font preuve les systèmes dynamiques non linéaires.* En d'autres termes, des <u>variations infinitésimales des conditions initiales produisent des variations importantes et croissantes dans le comportement ultérieur de ces systèmes</u> ».

En d'autres termes, notre *monde intérieur* est comparable à un moteur qui influence (aussi) les changements dans le monde extérieur ; pour influencer ce dernier, nous devons d'abord explorer et façonner le premier. La réalité extérieure n'est alors rien d'autre que le reflet de notre paysage intérieur. Le *Kybalion* semble presque inviter l'individu à prendre en charge sa propre vie afin d'accélérer le processus d'interconnexion entre le macrocosme et le microcosme. En effet, pour changer durablement le monde qui nous échappe (et qui est à notre portée), il est essentiel de se concentrer sur son univers personnel. Cet aspect souligne non seulement le *pouvoir de l'autoréflexion et du développement personnel* - qui, je le rappelle, a attiré Atkinson dès son plus jeune âge, lors de sa première fugue amoureuse dans l'hôtel Philadelphia - mais nous rappelle également que nous avons toujours un *contrôle important* sur l'environnement dans lequel nous sommes appelés à agir, même si la gestion complète de la dynamique intérieure est limitée par des facteurs externes (inputs).

Pourquoi est-il important de garder à l'esprit le principe de correspondance qui régit les lois cosmiques afin de développer une meilleure approche du Tout que nous avons abordé dans les pages précédentes ?

Permettez-moi de m'expliquer.

Le concept du Tout, compris comme une choseinintelligible et englobant au-delà de la compréhension humaine, est la condition sine qua non de tout voyage individuel. La destination ? La profondeur de l'existence elle-même, étayée par la vision hermétique selon laquelle l'univers est la manifestation infinie d'une conscience supérieure, d'une énergie, d'une intelligence et d'une conscience illimitée. Le *point de vue* du Kybalion nous amène à réfléchir sur le fait que tout, *que ce soit dans le monde matériel ou dans une sorte d'Au-delà*, est intrinsèquement interconnecté avec d'autres entités *vivantes et non vivantes ;* il participe, en somme, à un processus divin d'auto-exploration et de co-création sans égal. Selon cette perspective, la réalité est construite sur des *principes holographiques* - au sein desquels chaque *partie reflète le tout* - et le microcosme et le macrocosme sont des miroirs l'un pour l'autre. La matière elle-même, composée d'atomes, n'est comparable qu'à un phénomène physique parmi d'autres qui respectent des lois universelles. Ces dernières, je le répète, opèrent par le biais de *répétitions de modèles structurels à l'échelle microscopique et macroscopique.* Les atomes et leurs agrégations forment la matière, tandis que les systèmes solaires et les galaxies reflètent le même schéma (mais à une échelle... cosmique !).

Intéressant, n'est-ce pas ?

La vision unifiée qui sous-tend la théorie hermétique nous invite à considérer le système solaire, *avec le Soleil au centre et les planètes en orbite comme des électrons autour d'un noyau*, comme un *microcosme de structures encore plus grandes* (par exemple les galaxies ou les amas galactiques composés de centaines et de centaines d'autres *mondes différents*), qui à leur tour font partie d'un ordre encore plus grand. Dans cette infinité de pensées, l'esprit humain se sent évidemment perdu et acculé. Le seul outil dont nous disposons pour mettre de l'ordre dans le chaos de l'Univers est l'étude rigoureuse des *micro-manifestations*, telles que les *manifestations atomiques*, dont nous pouvons nous inspirer pour approfondir la structure du cosmos dans son ensemble. En ce sens, il est possible d'étendre la métaphore atomique *à l'univers tout entier*, de sorte que chaque étoile, planète et galaxie que nous observons dans le ciel nocturne fait partie d'un schéma complexe qui reflète les lois fondamentales de l'existence.

La vision cosmologique inspirée par les pages du Kybalion révèle au lecteur une vérité *avec un grand V :* la vie (et ses déclinaisons) est infiniment *complexe* et, en même temps, merveilleusement *simple*. Une fois de plus, la tradition hermétique permet de résumer le labyrinthe complexe des manifestations matérielles et immatérielles à l'idée qu'il existe un principe fondateur, une Substance ou Énergie primordiale, d'où tout émerge et vers laquelle tout retourne. Cela fonctionne de manière à générer un tissu continu d'existence qui s'étend sur toutes les échelles et dimensions (compréhensibles et/ou au-delà de notre expérience directe). Ce n'est qu'ainsi, malgré la tâche qui se profile à l'horizon, que nous avons la possibilité concrète d'interagir avec le macrocosme, avec l'immensité et la grandeur du Tout. Dans leur exploration de l'univers, les chercheurs d'hier et d'aujourd'hui ont rencontré une réalité dans laquelle les frontières entre le grand et le petit, entre l'intérieur et l'extérieur, entre le microcosme et le macrocosme deviennent de plus en plus floues et incompréhensibles. La *perspective holographique* mentionnée dans les pages du journal du vingtième siècle suggère, en fait, que chaque partie du Tout contient en elle-même le *Tout,* et que le Tout se reflète dans chacune de ses parties - un concept, ce dernier, qui trouve des échos à la fois dans les anciennes philosophies spirituelles et aux frontières de la physique moderne. Ainsi, la réalité est une succession sans fin de répétitions et de variations sur un thème commun, une récurrence de mondes sur des mondes, des dimensions sur des dimensions, à la fois plus grandes et plus petites que celles que l'on peut percevoir à l'œil nu et à l'aide des cinq sens ; tout se déroule dans un cycle éternel de création et de révélation qui n'a pas de fin. La théorie helléno-égyptienne nous confronte à une interprétation cosmique dans laquelle l'infiniment petit et l'infiniment grand sont construits à partir des mêmes modèles d'*organisation,* selon des schémas et des lois fixes. Il est évident qu'une **conception de type Matryoshka** - si vous me permettez l'expression - remet en question nos états mentaux traditionnels liés à la compréhension du temps et de l'espace, car elle nous amène à croire que, au-delà de nos réalités quotidiennes, il existe des dimensions de l'existence qui échappent à notre compréhension individuelle. Cependant, malgré la diversité et l'immensité du Tout, tout est uni par la même Substance sous-jacente ; dans le macrocosme plus vaste, il existe néanmoins une unité fondamentale entre les formes de vie et la matière.

Pour citer Albert Einstein :

> « *Il me suffit de contempler le mystère de la vie consciente qui se perpétue à travers l'éternité, de réfléchir à la merveilleuse structure de l'univers que nous percevons dans la confusion, et d'essayer humblement de comprendre une partie infinitésimale de l'intelligence qui se manifeste dans la nature* ».

Et nous, pouvons-nous faire de même ?

Le Tout en TOUT

> « Si le Tout est dans le Tout, il est tout aussi vrai que le Tout
> est dans le Tout. Celui qui comprend vraiment cette vérité
> acquiert un grand pouvoir. »

C'est un principe qui rejoint celui d'Anaxagore : *tout est dans tout*. Dans les pages du Kybalion d'Atkinson, nous trouvons ce qui suit :

> « L'idée que la divinité, invoquée sous divers noms, est le
> *TOUT en tout* est une vérité profonde que beaucoup ne
> parviennent pas à comprendre pleinement. Cette affirma-
> tion largement répandue trouve son origine dans l'anci-
> enne sagesse hermétique. Ceux qui parviennent à la com-
> prendre possèdent un immense savoir. Ce principe hermé-
> tique révèle l'une des vérités les plus importantes sur le plan
> philosophique, scientifique et religieux. Nous avons déjà
> parlé de l'enseignement hermétique qui considère l'univers
> comme une entité mentale, existant dans l'esprit du Tout.

Comme on peut le voir au fil des pages du Kybalion : " *Tout est dans le Tout* ", mais il nous présente aussi un principe qui semble le contredire : *le TOUT*. Cette apparente ambiguïté est résolue par la loi du paradoxe, qui délimite précisément la relation entre le Tout et son univers mental. Selon la vision hermétique, le Tout imprègne l'univers, étant immanent dans chaque partie, particule et unité, jusqu'aux plus petits éléments. Ce concept est expliqué par les maîtres à travers le *principe de correspondance*. Un maître peut enseigner à un disciple à former une image mentale de quelque chose, qu'il s'agisse d'une personne, d'une idée ou d'autre chose. Imaginez par exemple l'auteur imaginant ses personnages, ou l'artiste concevant une œuvre avant de la réaliser physiquement. Dans ces cas, l'image ne possède de vie et de réalité que dans l'esprit du créateur, ce qui la rend en quelque sorte immanente à l'image elle-même. L'essence, la vie et l'esprit de l'image mentale sont nourris par la présence immanente de l'esprit du penseur ».

En bref, l'existence de tous les personnages de fiction que nous aimons follement et qui nous tiennent collés aux pages d'un livre ou à l'écran de télévision - comme ceux de Shakespeare, mais aussi de romanciers fantastiques, de dessinateurs et de réalisateurs de renom - est circonscrite à l'esprit de leurs créateurs, qui leur ont insufflé *vie, esprit et actions* conformément aux lois d'un monde imaginaire auquel les spectateurs s'identifient tout en profitant d'un certain contenu. Mais en même temps, ces personnages portent le sceau de leur auteur, ce qui pose la question de savoir s'ils possèdent un esprit propre ou s'ils reflètent le génie de quelqu'un d'autre. La question existentielle qui pourrait hypothétiquement hanter nos personnages de fiction s'étend également aux œuvres d'art sur toile, aux statues, aux affiches de nos films préférés, etc. L'apparente dichotomie qui se profile à l'horizon est clarifiée par la loi du paradoxe, selon laquelle les *deux perspectives sont valables en fonction du point d'observation*. Dorian Gray, par exemple, peut être considéré à la fois comme une entité distincte et comme une extension d'Oscar Wilde, tout comme les personnages de Shakespeare peuvent refléter l'esprit de Shakespeare tout en conservant leur ineffable identité individuelle. La même logique s'applique à l'univers et à la relation entre le Tout et ses manifestations. Un âne de ferme, bien que faisant partie de l'univers mental infini, ne peut être considéré comme le Tout lui-même. En d'autres termes, le principe fondamental de correspondance « *ce qui est en haut est en bas ; ce qui est en bas est en haut* » reste toujours valable. Bien qu'il y ait des différences de degré entre les manifestations, en fait, la même loi universelle opère sur plusieurs plans distincts.

Ainsi, l'homme progresse *spirituellement* dans la mesure où il reconnaît et accueille l'esprit immanent en lui, s'engageant ainsi sur un chemin de développement intérieur qui incarne la *vérité centrale* des croyances hermétiques. L'univers est structuré sur une multiplicité hétérogène de niveaux d'existence, des plus simples à ceux qui s'approchent subtilement de l'esprit du Tout. La vie est donc un voyage continu sur une échelle de complexité croissante. Chaque être - qu'il s'agisse d'un personnage de fiction ou de nous-mêmes - progresse vers le but commun de s'unir au Tout. Les pas en avant représentent un retour aux origines, une progression vers le haut malgré les contradictions apparentes qui minent la globalité supérieure, reflétant l'essence du message véhiculé par les Illuminati et les maîtres qui, au fil des siècles, ont été les porte-paroles de la philosophie hermétique. Les dogmes susmentionnés - c'est-à-dire ceux qui concernent la création mentale de l'univers - mettent en évidence ce qui suit : au début de chaque cycle créatif, le Tout manifeste sa volonté de *devenir*, en initiant le processus qui transforme les vibrations et les états de l'esprit générateur en l'expression la plus dense de la matière, par le biais d'une étape appelée l'*involution*. Dans ce processus, le Tout s'*immerge* dans la formation de la substance, tout comme un artiste ou un inventeur s'absorbe dans son travail au point de perdre conscience de lui-même et d'entrer dans un état de flux. *Le générateur vit, dans un premier temps, à travers sa création.*

La période d'immersion intense peut être comparée à un *état de ravisse-ment*. Au cours de l'étape involutive, assimilée dans le *Kybalion* à une sorte de *débordement de l'énergie divine*, les vibrations s'atténuent jusqu'à l'inversion, marquant le début de la phase évolutive. Dans cette dernière, l'énergie est *puisée* de telle sorte qu'elle retourne à la source de toute chose. L'évolution respecte la *loi d'individualisation,* que nous aborderons en détail dans les prochains chapitres. Pour l'instant, il suffit de savoir qu'elle conduit à la formation d'*unités énergétiques distinctes*, prêtes à rejoindre le Tout sous une forme améliorée puisqu'elles sont déjà capables de mûrir le développement physique, mental et spirituel. Le cycle d'involution et d'évolution reflète donc *la vision hermétique du processus créatif* et met en évidence une progression de l'unité vers la diversification (avec un retour ultérieur à l'unité) : une dynamique centrale dans la compréhension her-métique de l'existence.

Il n'est pas surprenant que le processus de génération d'idées et de con-cepts ait été considéré par les hermétistes comme équivalent à la véritable **méditation**. Cette dernière consistait en la création mentale de l'univers dans l'*Esprit du Tout*. De nombreux penseurs du passé l'ont décrite comme l'*Attention Divine*. Le processus implique une extension ou une réalisation de l'*énergie de l'esprit*.

Je suppose que vous êtes encore un peu confus. Permettez-moi de vous expliquer.

En effet, au fil de l'évolution, le Tout commence progressivement à se détourner des *éléments* qui le composent, déclenchant un processus évolutif qui se déploie sur les plans *mental, spirituel et matériel*. On peut l'imaginer comme un point culminant ascendant qui pointe vers le haut. Au cours de ce processus de changement, la matière s'affine, les entités évoluent, la vie s'exprime sous des formes plus élevées et l'esprit devient plus fort et plus puissant, tandis que les vibrations augmentent leur volume et leur intensité. Cependant, comme le Tout transcende l'espace et le temps, le voyage de transformation est perçu en une fraction de seconde, en un clin d'œil. Finalement, après d'innombrables cycles, le Tout susmentionné décide de retirer son attention, afin d'interrompre sa contemplation de l'Univers, et réintègre tout sous le signe de son unification. Cependant, dans ce processus, l'esprit de chaque âme se dilate à l'infini et n'est pas annihilé par les autres *choses* (matérielles et immatérielles).

Les hermétistes pensaient donc qu'il y avait un parallèle entre le retrait du Tout et le retrait spirituel de chaque homme. Une fois de plus, le principe de correspondance, *comme en haut comme en bas,* montre clairement que les différences sont perceptives et non substantielles ; il *s'agit de différences de degré.*

Malgré tous les progrès réalisés dans la compréhension du mécanisme du Tout, une question demeure et défie notre compréhension : pourquoi *le Tout génère-t-il l'Univers ? Quelle est la raison qui permet un cycle d'involution et d'évolution sans précédent ?* Bien que les philosophes et les penseurs se soient donnés beaucoup de mal pour apporter une réponse univoque et satisfaisante, la véritable motivation reste un mystère insondable. L'idée que le Tout a besoin d'autre chose ou est à la recherche d'une compagnie *n'est pas raisonnable*, puisqu'il possède déjà *tout* - à ce propos, j'espère que je ne vous embrouille pas avec des jeux de mots, lecteurs ! La notion selon laquelle nous créons par amour, par amusement ou par ennui semble réductrice face à l'infinité de notre objet d'étude, dont la véritable essence générative échappe une fois de plus à notre compréhension. En ce sens, le moteur du Tout reste l'une des questions les plus profondes et les plus insolubles de la spéculation philosophique et métaphysique.

Certains des esprits les plus brillants de l'Antiquité ont proposé que le Tout soit en quelque sorte *contraint* de créer en raison de sa nature même. En ce sens, il disposerait d'un instinct créatif en tant que partie essentielle de son *être.* Cependant, l'explication ci-dessus introduit un autre problème. Je souhaite vous l'expliquer brièvement, car cela vous permettra de poursuivre plus facilement votre lecture. L'ambivalence fondamentale réside dans le fait que, si le Tout était contraint de générer une *quantité* infinie d'essences matérielles ou énergétiques, cela impliquerait que *quelque chose d'extérieur ou d'intérieur* à lui ait le pouvoir d'exercer une quelconque forme de pression ou de nécessité. En somme, si l'on considère la nature interne ou l'instinct de création comme le moteur même de la génération, alors ces aspects seraient supérieurs au Tout lui-même - ce qui conduit à une position logiquement infondée et inacceptable. Comme si cela ne suffisait pas, l'acte de création semble fournir au Tout une forme sui generis de satisfaction, comme pour indiquer que l'existence d'un désir ou d'une volonté créatrice assure un certain degré de gratification. Une fois de plus, il est cependant impossible de soutenir que notre objet d'investigation agit sous une forme de *contrainte interne ou externe*. En effet, l'hypothèse en question n'est pas compatible avec l'idée que le Tout possède une liberté totale et une autosuffisance complète. Le Tout, qui se situe au-delà des lois de cause à effet en vertu de sa prédisposition unificatrice, agit selon sa propre volonté, sans être soumis à des forces ou à des influences. Son action est donc intrinsèque à sa nature : le Tout agit parce qu'il est dans son essence d'agir. En d'autres termes, il se définit lui-même comme *Raison, Loi et Action ; il existe et agit en parfaite union avec ces qualités.*

Même Hermès le Troisième Grand, face à ce doute philosophique (ou cette erreur de pensée, comme on voudra), a choisi de se taire, comme pour rappeler, de manière indirecte, que la vérité ultime sur la création n'est accessible qu'à ceux qui sont vraiment prêts à la comprendre. Le Trismégiste est le premier maître hermétiste à rappeler que, *bien que l'homme puisse puiser à la source de la connaissance*, certains mystères restent incompréhensibles et injustifiables. Si même Hermès, avec sa profonde sagesse, a choisi de ne pas révéler certains secrets, il est clair que certains aspects du *Kybalion* (et de sa vision du monde) sont destinés à rester cachés à la compréhension des mortels.

Le principe de
VIBRATION

« Rien ne repose, tout bouge, tout vibre ».

Les pages du *Kybalion* compilées par Atkinson attirent l'attention du lecteur sur un troisième principe, l'un des plus complexes et des plus abstraits à saisir :

> « Le principe énoncé dans le *Kybalion* stipule que <u>tout dans l'univers est constamment en mouvement, vibrant de manière ininterrompue</u>. Cette notion, *selon laquelle tout vibre et rien n'est immobile*, est corroborée par les découvertes scientifiques modernes, bien qu'elle ait été formulée à l'origine, il y a des milliers d'années, par les anciens sages égyptiens. Selon ce concept, la variété des formes de la matière, de l'én-

ergie, de l'âme et de l'esprit est déterminée principalement par leurs **niveaux** respectifs **de vibration**. La qualité et l'intensité de la vibration définissent la position de chaque entité sur l'échelle de l'existence spirituelle, de la matière la plus dense à l'Esprit suprême. L'Esprit, qui vibre à un taux si élevé qu'il semble stationnaire, et la matière plus grossière, dont les vibrations sont si lentes qu'elles semblent inertes, représentent les extrêmes de cette gamme de fréquences. Cette large gamme de vibrations est présente dans tout, du minuscule neutron à l'énorme univers, et influence également les énergies, les forces, les états mentaux et les niveaux spirituels. La compréhension et l'application de ce principe permettent aux praticiens de l'hermétisme de manipuler leurs propres vibrations et d'influencer les vibrations extérieures, ce qui leur permet de contrôler une multitude de phénomènes naturels. Un ancien dicton résume le pouvoir conféré par la maîtrise de ce principe : *celui qui le comprend parfaitement détient un grand pouvoir* ».

Cher lecteur, je vous le demande : quel est le premier aspect qui vous saute aux yeux ? Eh bien, pour la première fois, le Kybalion utilise un *point de vue* pratique sur la doctrine hermétique pour inviter les (futurs) adeptes à maîtriser l'un des sept principes qui constituent l'héritage du Trismégiste. Bien sûr, la tâche qui les attend est loin d'être intuitive : si la science moderne a prouvé que les vibrations de la matière se manifestent à *petite et grande* échelle, il reste difficile d'imaginer un monde dans lequel nous serions nous-mêmes capables d'influencer les vibrations intérieures et extérieures en manipulant la matière et le statut perceptif du monde qui nous entoure.

Permettez-moi donc de dire quelques mots sur la loi cosmique numéro trois et la façon dont elle se manifeste concrètement.

Commençons par le commencement : *rien ne repose, tout bouge, tout vibre.*

La réflexion sur la *nature dynamique de l'univers* nous ramène à l'activité incessante qui caractérise chaque niveau d'existence (et ses manifestations). Dans un tel scénario, le cosmos peut être considéré comme *un vaste organisme vibrant,* au sein duquel chaque composant, du plus petit atome aux plus grandes galaxies, participe à une danse éternelle de mouvement et de changement. La vision d'Hermès intègre l'idée séculaire que tout ce qui existe est en mouvement perpétuel ; la *stase, au sens absolu, est une illusion. Une fois de plus*, le Kybalion se concentre sur les événements les plus petits et les plus contrôlables du Tout : la métaphore des électrons tourbillonnant autour des protons dans un atome s'étend aux planètes en orbite autour du soleil dans les systèmes solaires, et même aux galaxies tournant autour de leur centre d'attraction. La répétition des schémas de l'échelle microscopique à l'échelle macroscopique est cohérente avec le principe de correspondance « *comme en haut, comme en bas* », qui soutient une similitude structurelle et fonctionnelle entre les différents niveaux d'existence. Ainsi, la danse éternelle impliquant les forces positives et négatives (dans un mélange savamment équilibré d'attraction et de répulsion, de mâle et de femelle) est considérée comme le moteur fondamental qui soutient et perpétue le mouvement. Les interactions changeantes qui se déroulent sous nos yeux lorsque nous étudions la matière scientifiquement ne maintiennent pas seulement le cosmos en mouvement constant, mais génèrent également une énergie unique, une vibration qui diffère d'un niveau d'existence à l'autre. Chaque niveau possède sa propre *forme vibratoire* spécifique - comme pour établir que chaque niveau est unique dans son expression énergétique, tout en faisant partie d'un ordre cosmique *bien intégré et cohésif.* La discussion sur les fréquences vibratoires qui a suivi la publication du *Kybalion* au début du 20ᵉ siècle a encore élargi cette vue d'ensemble. Selon de nombreux hermétistes modernes, il existe une sorte de *musique cosmique*, une *symphonie de l'existence*, dans laquelle chaque entité apporte sa *note* singulière à la mélodie. En ce sens, l'univers peut être représenté comme une boîte contenant d'infinies possibilités de *résultats* ; la vie elle-même est ainsi transformée en une expression du mouvement éternel et de la transformation incessante qui sont immanents au Tout lui-même. Ainsi, la compréhension de la loi vibratoire implique la reconnaissance du rôle que nous occupons ici et maintenant au sein de l'équilibre cosmique. À partir du moment où nous sommes capables de réfléchir en ces termes - nous dit le *Kybalion* -, nous participons également à une danse infinie qui ne connaît ni l'espace ni le temps ; nous vibrons à notre fréquence unique et subjective, mais nous restons intimement liés à l'immense réseau d'énergie et de mouvement qui caractérise l'univers lui-même.

Il reste à comprendre comment le microcosme croise le macrocosme et comment le petit se reflète dans le grand. Selon la vision de Trismégiste, les agrégations atomiques forment une multiplicité d'éléments chimiques, chacun caractérisé par des *modèles uniques de vibration*. Ces éléments peuvent être considérés comme les blocs de construction fondamentaux de la matière terrestre, celle-là même dont nous faisons l'expérience au quotidien. Les unités substantielles ont des **solidités** différentes en fonction de la vitesse de vibration et de la densité des atomes. Les éléments plus solides, comme le *calcium*, ont des groupes atomiques qui se déplacent plus lentement et sont plus fermes. À l'inverse, les substances moins stables, comme l'*hélium*, ont des structures atomiques qui vibrent plus vite et sont mal reliées entre elles. N'oublions pas non plus que des facteurs externes peuvent modifier le rythme vibratoire de la matière. La chaleur, par exemple, a une influence énorme sur le rendement final car elle augmente la vitesse atomique et provoque l'écartement des briques de matière, ce qui rend les objets moins denses - pensez, de manière concrète, à un glaçon qui se transforme en eau puis en vapeur. À l'inverse, le froid ralentit les vibrations, rapproche les atomes et solidifie la matière (par exemple, l'eau qui se transforme en glace). Les éléments chimiques, une fois formés, ont tendance à se combiner avec d'autres éléments de charge opposée pour créer les substances et matériaux constitutifs de notre monde. Ainsi, les objets solides tels que l'*or, l'argent et le fer* contribuent à la formation de *quidams* plus denses (roches, bois et métaux), tandis que les éléments moins stables forment des substances plus éthérées (air et eau). Cependant, malgré la *densité* ou la nature éthérique apparente d'un objet d'étude, tout est sous-tendu par une forme d'énergie qui vibre à différentes fréquences, déterminant ainsi la forme et la consistance d'une *chique* appartenant à notre monde.

La substance fondamentale qui unit la multiplicité de la Création, quelle qu'elle soit, est ce que les religieux appellent *Dieu* et que les scientifiques appellent la *loi naturelle ou l'énergie*.

Sur le plan purement matériel, à une extrémité de l'échelle vibratoire se trouve l'objet le plus solide de notre monde, dont la vibration est lente et cadencée. À l'autre extrémité se trouve le *quidam* le plus éthéré du cosmos, qui vibre très rapidement. Entre les deux extrêmes se manifeste une multitude d'objets, chacun avec des degrés variables de vitesse, de fréquences et de rythmes. Par conséquent, les densités et les formes diffèrent également. De la même manière et selon le même principe, à un point-maximum de l'échelle, il existe une dimension (ou plan d'existence) dont la fréquence de vibration est si lente qu'elle est complètement solide et complètement dense - grossièrement *matérielle*. De l'autre côté de cette chaîne d'événements physiques, il y a une manifestation de l'existence qui est pure *énergie*, pur *esprit*, pur *éther*, sans aucune forme tangible ou matérielle. Entre ces deux points culminants, une fenêtre s'ouvre sur des mondes infinis que nous ne pouvons qu'imaginer à l'aide de notre esprit. Beaucoup d'entre eux n'ont même pas été détectés, et d'autres échappent encore complètement à notre domaine cognitif. C'est à l'extrême éthéré, là où l'humanité est contrainte d'accepter la défaite, que nous trouvons l'Énergie, l'Esprit, la Conscience, l'Intelligence, la Conscience elle-même, la Source ou le Centre de tout. Cependant, je voudrais souligner un aspect souvent négligé dans les lectures critiques du *Kybalion*. Bien qu'elle soit fréquemment décrite en termes d'échelle linéaire, la dynamique décrite suit plutôt une forme cyclique. Les gradients de densité (croissante ou décroissante) se déplacent d'un point d'appui vers une extrémité, vibrant à une vitesse telle qu'ils n'ont pas de forme physique. Sur la surface extérieure de cette boucle imaginaire se trouvent les vibrations les plus cadencées et les plus lourdes, comme si tout faisait partie d'une gigantesque galaxie éternelle - également connue sous le nom de *vortex de l'existence*. En résumé, de même que les étincelles d'un feu perdent de la chaleur en s'éloignant de la flamme, de même l'*énergie émise et déchargée par le Centre* décélère progressivement en s'éloignant du centre, afin de créer des objets et des mondes de plus en plus stables.

Avant de vous laisser au prochain chapitre (et au prochain principe), je voudrais répondre à une question qui nous concerne de près : sommes-nous vraiment capables de modifier la dynamique vibratoire à notre avantage ? N'est-ce pas de la magie, de l'ésotérisme et de la pure fascination ?

Le *Kybalion* apporte une réponse aux doutes qui ont, en fait, occupé l'esprit des hermétistes de toutes les époques et de tous les ordres. Le Trismégiste approfondit la compréhension de la science moderne que nous avons abordée dans les pages précédentes et introduit l'idée que <u>toute forme de pensée, d'émotion, de volonté, de désir et de mentalisme individuel est également accompagnée (toujours et partout) de vibrations spécifiques</u>. Ces dernières ont la capacité de dépasser les limites somatiques de l'individu, d'influencer l'esprit des autres et de sous-tendre le principe de certains phénomènes (par exemple, la télépathie et l'influence psychique). C'est l'occultisme qui a suscité un débat passionné sur ces sujets. Selon la thèse d'Hermès, les états immatériels (émotions, pensées, sentiments) s'accompagnent d'un degré de vibration unique et inimitable. Par un effort d'abstraction et de volonté, ils peuvent également être reproduits en dehors du microcosme individuel, à l'instar d'une note de musique interprétée par une multiplicité d'instruments, ou encore de la voix d'un chanteur.

Intéressant, non ?

En comprenant la loi vibratoire qui s'applique également aux essences mentales, nous avons le pouvoir d'aiguiser notre *sensibilité* afin de contrôler totalement nos états cognitifs et, par conséquent, d'influencer également ceux des personnes qui nous entourent dans la routine de la vie quotidienne.

Le point est central et mérite toute notre attention. *On peut apprendre à générer sur le plan purement mental ce que la science réalise sur le plan physico-matériel :* des vibrations extensibles à l'infini. L'habileté en question requiert un entraînement approprié, mais aussi des exercices et des pratiques visant à obtenir des résultats spécifiques. La discipline qui étudie ces pratiques est la *Transmutation mentale*, une niche de la branche hermétique au sens large du terme. Le Kybalion fournit une synthèse explicative de ces concepts : même une simple lecture superficielle permet de comprendre que la loi vibratoire est *fon-da-men-ta-le* dans la manifestation des phénomènes liés au pouvoir des maîtres et des adeptes - sans exception. Ils semblent subvertir les lois qui régissent le cosmos mais, en réalité, ils appliquent un principe universel ancestral et unificateur. Les miracles que nous leur attribuons habituellement sont le résultat d'une profonde transformation vibratoire des choses et des personnes qui les entourent. Depuis la nuit des temps, un ancien auteur hermétique affirme :

« Celui qui comprend le Principe de Vibration détient le sceptre du pouvoir ».

En effet, une compréhension à 360 degrés du concept ouvre une fenêtre sur des *potentialités inimaginables*, transcendant les limites ordinaires de la réalité telle que nous avons l'habitude de la percevoir.

La question se pose donc : avons-nous un guide ou un principe régulateur qui nous permet de sentir si nos états intérieurs sont en accord (ou non) avec les vibrations intérieures et extérieures ? De même qu'un marin a besoin d'une boussole pour traverser la tempête sans se perdre, de même le maître hermétique ou l'adepte a besoin d'un point de repère, d'une balise.

L'existence d'un support matériel ou immatériel n'est pas réitérée dans les pages du *Kybalion*, qui ne vise qu'à sensibiliser le *grand public* aux mystères du Trismégiste. Cependant, une multitude d'autres écrits - dont beaucoup sont cités dans la bibliographie finale du livre que vous tenez entre les mains - sont d'excellents points de départ pour comprendre comment catégoriser nos actions. Tout cela en gardant à l'esprit que l'action humaine peut être considérée comme *positive* - c'est-à-dire en accord avec les ondes vibratoires - ou *négative* - c'est-à-dire à l'opposé de celles-ci.

Pensez-y : quelle est l'importance des choix que nous faisons quotidiennement pour définir nos états mentaux ? Très importante, en fait, très importante. Ces choix nous rapprochent ou nous éloignent des lois qui sous-tendent le Tout. Pour simplifier notre exposé, nous pouvons imaginer le bien absolu de manière personnifiée. Nous l'appellerons la *Lumière*. Ainsi, lorsque nous plongeons dans la spirale sombre des sentiments et pensées *dysfonctionnels et négatifs, nous* nous en éloignons et provoquons une scission forte et ingouvernable. Cette dernière reflète nos fréquences incompatibles avec la Lumière supérieure, comme pour établir que nous sommes désalignés du chemin spirituel qui mène à notre pleine réalisation.

La vision que l'on peut extrapoler des pages d'Atkinson nous invite à considérer le fait que les émotions les plus sombres (par exemple la haine, la peur, la colère, l'avidité, l'égoïsme, le ressentiment, l'ignorance et l'intolérance) ne sont pas seulement destructrices, mais représentent également des indicateurs *capitaux* d'un éloignement du Bien, ou de notre essence la plus pure ; une sorte de source de vie. La séparation n'est pas physique, mais plutôt immatérielle et vibratoire au sens le plus strict. En d'autres termes, il s'agit d'une manifestation du contraste entre *les basses fréquences de* nos émotions négatives et les *hautes fréquences de la Lumière*.

Quoi qu'il en soit, c'est précisément dans un tel contexte que les paroles du Kybalion deviennent une bouée de sauvetage pour les maîtres et les adeptes les plus perdus : chacun d'entre nous a le droit (et le devoir) de générer son propre macrocosme individuel, en décidant des vibrations qu'il souhaite y accueillir. Je ne parle pas ici des influences et des apports extérieurs, mais du microcosme intérieur que chacun de nous crée en fonction de ses propres expériences. Le choix à faire a priori déterminera **A)** si nous nous rapprochons ou nous éloignons de la Lumière et **B)** si nous sommes capables de trouver un équilibre idéal entre nos natures supérieures et inférieures, entre la conscience et l'ignorance qui nous entraîne vers le bas.

Dans le cœur de chaque étudiant hermétique se profile un combat intérieur ardu, parfois décourageant, mais jamais totalement inaccessible. Le *Kybalion*, qui dispense des enseignements et des lois de nature apparemment *métaphysique*, est en réalité un outil à forte connotation pratique, destiné à soutenir les hommes de notre temps dans cette lutte inégale - afin *d'accélérer leur chemin vers la victoire*. La connaissance du *Kybalion*, cependant, ne rend pas le chemin moins difficile ; au contraire, il exige un désir profond, un dévouement, une concentration et un esprit indomptable qui n'appartiennent qu'à un pourcentage d'élite de lecteurs et d'adeptes des quatre coins du monde. Il est impossible d'élever la con-science individuelle à un niveau supérieur. Ce n'est qu'alors que quelques élus rejoindront les illustres maîtres spirituels du passé : Hermès, Moïse, Jésus, Bouddha et Lao Tseu, pour ne citer que les plus célèbres. Ce sont ces personnages rares et très contradictoires qui ont démontré de manière irréfutable que l'éveil est avant tout une avancée consciente et un dépasse-ment du voile de l'ignorance.

Êtes-vous curieux de découvrir comment atteindre... des états de conscience encore plus évolués ?

Pour le savoir, il faut introduire le quatrième principe du Kybalion d'Atkinson.

Le principe de
POLARITÉ

« *Tout est double, tout a sa paire de contraires* ».

J amais une déclaration n'a été aussi vraie.

Pour paraphraser les enseignements contenus dans les pages du manuscrit du 20ᵉsiècle :

« L'ancien axiome hermétique du manuscrit Trismégiste illustre le concept de dualité universelle, affirmant que tout existe <u>avec deux pôles opposés ou aspects complémentaires</u>. Cette loi suggère que *chaque paire d'opposés n'est rien d'autre que les deux extrémités d'un même phénomène, séparées seulement par des différences graduelles*. Des exemples tels que le chaud et le froid, la lumière et l'obscurité, l'amour et la haine, montrent que ces opposés sont interconnectés et ne peuvent être considérés comme des entités distinctes ; ils sont plutôt des prolongements l'un de l'autre le long d'un *continuum*. Le principe de polarité révèle que ce que nous percevons comme des opposés est en réalité une seule entité avec des variations graduelles entre ses extrêmes. Ce principe résout de nombreux paradoxes qui ont troublé l'humanité pendant des siècles, en démontrant que les vérités absolues se transforment en demi-vérités lorsqu'elles sont observées à la lumière de la polarité, et que toute vérité contient en elle-même le germe de son apparente contradiction. Par exemple, la chaleur et le froid sont le même phénomène, différencié uniquement par le degré de vibration. Un concept similaire s'applique à la lumière et à l'obscurité, au grand et au petit, au dur et au mou, au noir et au blanc... Cess valeurs soulignent l'unité fondamentale qui sous-tend l'apparente diversité du monde physique et conceptuel. Ce principe s'applique également sur le plan mental, où des sentiments tels que l'amour et la haine peuvent être rattachés aux extrêmes du même spectre émotionnel, avec la possibilité de transformer l'un en l'autre par des techniques mentales. Les hermétistes, qui connaissent bien cette vérité, pratiquent l'alchimie mentale pour modifier leurs propres vibrations internes et celles des autres, en se déplaçant consciemment le long du spectre des pôles pour transmuter les états mentaux, les émotions et même les réalités physiques. *Ainsi, le principe de polarité révèle un outil puissant de transformation intérieure et de compréhension profonde de l'univers* ».

Essayons de clarifier de manière simple et concise, afin d'approfondir un concept qui, à y regarder de plus près, ressemble parfaitement au *yin* et au *yang* chinois.

Tous les phénomènes que nous observons, des plus simples aux plus complexes, présentent une gamme de fréquences vibratoires qui se situe entre deux extrêmes : l'un positif, que nous pourrions comparer au pôle *masculin* ou *yang* - composé d'éléments tels que la *lumière* et la *chaleur* - et l'autre négatif, le pôle *féminin* ou *yin*, illustré par l'obscurité et le froid. Les opposés ne sont pas isolés ; entre eux s'étend un *continuum de variations dans lequel* les énergies positives et négatives se mélangent dans une multiplicité potentiellement infinie de combinaisons. De plus, l'interaction entre le *masculin* et le *féminin*, entre le *yin et le yang*, se perpétue également dans tous les recoins de l'univers, de la luminosité variable de l'aube à l'obscurité la plus intense, de la chaleur brûlante d'une journée d'été au froid glacial du pôle Nord. À l'origine de tout, cependant, il y a l'Un : *une entité primordiale sans division, sans forme et sans aucune polarité.* De cette unité primordiale sont nés les principes de dualité que nous connaissons tous. Grâce à cette dynamique de forces opposées, l'esprit humain est en mesure de comprendre le fonctionnement du moteur qui donne vie et forme aux phénomènes de notre monde - des minuscules atomes aux vastes corps célestes, tous également imprégnés d'un équilibre dynamique constitué d'une succession très intelligente de *charges positives et négatives*. La dualité n'est donc pas seulement un principe cosmique, elle est aussi le fondement de nos *expériences quotidiennes*. Sans la présence simultanée de deux extrêmes conceptuels, l'expérience elle-même, ainsi que la richesse perceptive, n'existeraient pas. Ainsi, la scission qui découle d'un seul Un est bien plus qu'une caractéristique universelle ; elle représente le cœur battant de l'existence elle-même, une force qui anime la vie dans ses formes et ses nuances les plus complexes. Dans chaque manifestation du Cosmos, nous avons donc le droit (et le devoir) de retracer la dualité des opposés qui régit la sphère de la sensibilité humaine (et non humaine).

Mais ce n'est pas tout.

Au-delà de ce clivage apparent se trouve une profonde unité. *Le chaud et le froid, le proche et le lointain, le positif et le négatif, toutes ces polarités sont des aspects de la même réalité.* Même les abstractions les plus *humaines* (par exemple, libéral et conservateur, bien et mal, légal et illégal, etc.) sont des déclinaisons d'une seule dimension, le *politique ou le légal.* Par conséquent, au fond de chaque division se trouve <u>toujours</u> l'unité. *Cette dernière est le but ultime à atteindre.*

La question qui se pose alors est celle de la perception et de la compréhension. *Où tracer la ligne entre le chaud et le froid, le haut et le bas, le bien et le mal ?* La recherche de ces démarcations invite les lecteurs du *Kybalion* et les adeptes de la philosophie hermétique à réfléchir à la nature même de la vie et à la profonde interconnexion qui lie chaque aspect de la réalité en une toile judicieusement tissée par une main experte.

Cher lecteur, chère lectrice, réfléchissez un instant : essayons d'analyser le phénomène du dualisme d'un point de vue délicieusement humain, tout en sachant que le *principe de correspondance* permet d'étendre le même mécanisme aux phénomènes intelligibles de l'Univers. Le *Kybalion* favorise également la compréhension du fonctionnement naturel des choses au niveau mental en examinant deux concepts qui nous intéressent énormément et qui, au fil du temps, ont inspiré la plupart des œuvres d'art, des livres, des poèmes, des peintures et des films qui nous ont scotchés à l'écran : la *haine et l'amour.* Ces deux états mentaux, bien que diamétralement opposés, se situent en fait sur le même *continuum.* Entre les différentes gradations de la haine et de l'amour, il est possible d'atteindre un point d'équilibre, une phase vibratoire où les concepts de plaisir et de déplaisir se fondent l'un dans l'autre, révélant leur unité intrinsèque. Cette perception nous permet de réaliser qu'au-delà des apparences et des sentiments contingents, la sphère émotionnelle est aussi une *représentation tangible de l'Un.*

C'est l'aspect qui a le plus fasciné les spécialistes de l'hermétisme au cours des siècles, les adeptes et les maîtres de tous rangs ont la *possibilité concrète* de transformer les vibrations de la haine en celles de l'amour, *et vice versa*, aussi bien dans leur propre esprit que dans celui de ceux qui les entourent. Ce changement n'a pas de valeur magique, alchimique ou purement théorique, mais il est attesté par des expériences personnelles de passage soudain d'un état à un autre, rendu possible par l'utilisation consciente de pratiques hermétiques. Dans cette perspective, même les dichotomies du bien et du mal se dissolvent dans une unicitéet deviennent simplement les deux faces d'une même réalité. Les hermétistes, connus dans le passé pour être des maîtres de l'art de la *transmutation*, ont toutes les compétences nécessaires pour convertir le mal en bien par l'application habile du principe de polarité. Il en résulte un art raffiné *d'Alchimie Mentale*, qui a traversé les siècles dans les pratiques des étudiants anciens et modernes du Trismégiste.

LA QUESTION DU PARADOXE DIVIN

« Les demi-sages qui, reconnaissant l'irréalité relative de l'Univers, s'imaginent défier ses Lois, sont en réalité des fous et des présomptueux, qui se fracasseront la tête contre les rochers, déchirés par les éléments à cause de leur folie. <u>Le vrai sage, connaissant la nature de l'Univers, utilise la Loi contre les Lois</u>, le plus haut contre le plus bas, et l'art de l'Alchimie pour transmuter ce qui est indésirable en ce qui est digne, et ainsi triompher. La maîtrise ne consiste pas en rêves anormaux, visions et images fantastiques, mais à *savoir utiliser les forces les plus élevées sur les plus basses, en échappant aux douleurs des plans inférieurs, avec des vibrations précises sur les plans les plus élevés.* La transmutation, et non la vaine négation, est l'arme des Maîtres ».

Tels sont les mots imprimés noir sur blanc entre les pages du *Kybalion*. À une lecture superficielle, on a l'impression qu'ils cachent un avertissement très simple et d'ordre pratique : en tant qu'habiles modificateurs des vibrations universelles, les maîtres et les élèves du Trismégiste ne doivent pas tomber dans l'erreur de croire qu'il est possible de défier les Lois Cosmiques pour obtenir des résultats tangibles sur la matière. Ils « se fracasseront la tête contre les rochers, déchirés par les éléments à cause de leur folie ». Bref, ils paieront le prix de leurs actions. Les vrais sages sont ceux qui reconnaissent la présence des forces (hautes et basses) en corrélation les unes avec les autres. La transmutation est donc l'arme des maîtres. Il reste à voir comment il est possible de s'intégrer dans l'ordre législatif du monde sans opérer de manière disharmonique.

Selon les hermétistes, un paradoxe se profile à l'horizon. Essayons de mieux en comprendre le sens, en détail.

L'ambiguïté qui imprègne l'univers naît du principe même de la polarité que nous avons appris à connaître dans les pages précédentes du livre que vous tenez entre vos mains. En bref, il s'agit d'un mécanisme de manifestation perceptive fondé sur le dualisme et, en même temps, uni par un Un.

Reconnaître son existence, c'est d'abord franchir la frontière qui sépare *la sagesse partielle de la sagesse éternelle et éclairée*. Dans la vision de l'Un, l'Univers - avec ses lois, ses forces, sa vie et ses phénomènes - peut être considéré comme une *méditation*, une rêverie ou un voyage dans les profondeurs de notre esprit. Bref, une illusion. Cependant, pour les êtres humains et les autres créatures finies qui en font partie, il doit toujours rester un *individu* réel, même si la conscience de sa nature mentale n'est pas perdue.

En effet, tous les niveaux d'existence sont régis par des lois qui leur sont propres. Si l'Unique percevait son Univers comme réellement réel, il cesserait de s'étendre et d'innover dans un *continuum perpétuel* et deviendrait une entité statique qui entraverait le progrès. En revanche, si l'homme, limité dans sa perception, croyait que l'Univers n'était qu'une illusion comparable à une vision onirique, il ne ferait que vivre dans une sorte de *boucle continue*. Tel un somnambule qui tourne en rond sans jamais modifier son état de conscience, repartant toujours du même point et continuant d'ignorer les lois de la Nature. Il est donc essentiel d'élever son regard vers l'immensité céleste mais, en même temps, il faut faire attention où l'on met les pieds pour ne pas risquer de trébucher.

Le paradoxe divin nous enseigne précisément ceci : bien que l'univers soit une entité abstraite, il doit simultanément exister dans la dimension concrète. Il est essentiel de rappeler qu'il existe toujours deux extrêmes de la vérité : l'absolu et le relatif (comme le chaud et le froid, le petit et le grand, l'amour et la haine). Il faut se méfier des demi-vérités. La *loi du paradoxe hermétique,* qui découle du principe de polarité et constitue de plein droit la pierre angulaire de l'enseignement trismégiste, est fréquemment mise en exergue dans les enseignements des philosophes antiques engagés dans des discours sur l'Être et l'existence des choses terrestres. En ce sens, les dogmes d'Hermès exhortent ses disciples à toujours considérer l'*autre côté* de chaque question, afin d'éviter le risque de négliger la dualité des problèmes liés aux concepts d'absolu et de relatif, source de confusion pour quiconque aborde la philosophie et motif de divergence par rapport au soi-disant *sens commun*. Dans les pages de son *Kybalion*, Atkinson semble donc s'adresser directement au large public de néo-adeptes qui, au XXe siècle, attendaient avec impatience la publication du manuscrit révélateur. Les *Trois Initiés* suggèrent à leurs étudiants (potentiels) une extrême prudence dans l'approche des concepts décrits, afin d'éviter de s'empêtrer dans les pièges des *demi-vérités*. C'est dans cet esprit qu'a été conçue la définition du *paradoxe divin*, que nous aborderons dans les pages suivantes.

Mais avant de commencer, je tiens à vous mettre en garde : les informations résumées dans les lignes qui suivent ne sont pas immédiatement compréhensibles. Surtout si vous êtes novice en philosophie ou si vous ne connaissez pas les thèses hermétiques, vous risquez de vous sentir un peu perdu. *Ne vous découragez pas.* Lire (et relire) les enseignements du Trismégiste demande du temps, de l'application et de l'esprit critique. Il est probable qu'à première vue, le paradoxe divin ne vous semblera rien de plus qu'un ensemble de mots très complexes, intégrés dans une vision du monde incompréhensible. Avec un peu de patience, vous découvrirez que le Kybalion est profondément et intimement ancré dans la réalité des faits - dans la vraie vie. Ne vous découragez donc pas et ne perdez pas de vue l'objectif final.

Êtes-vous prêts ?

La reconnaissance de l'Univers comme une création mentale du Tout a conduit (et conduit encore) de nombreux penseurs à croire que tout ce qui existe n'est qu'*une illusion*. Cependant, cette pensée contient un jugement sur l'existence que, en tant qu'êtres finis au sein du Cosmos, nous avons instinctivement tendance à *rejeter*. Pour embrasser pleinement la vérité profonde du Tout, il est essentiel de l'envisager à la fois du point de vue *absolu* et du point de vue *relatif* - deux extrémités d'un même *continuum*. Du point de vue de l'absolu, en effet, l'Univers se manifeste comme une simple illusion, un rêve éveillé, une projection imaginative très éloignée de la réalité intrinsèque du Tout.

Même en adoptant la dimension relative, nous pourrions nous référer à l'Univers comme à un phénomène transitoire et partiel : *une séquence de naissances et de morts, caractérisée par l'impermanence, le changement, la finitude et l'insubstantialité, ce qui ne diminue pas notre compréhension de la création, ni n'altère nos croyances sur la nature ultime de l'existence.*

Le point de vue en question est largement répandu dans les ouvrages publiés par les philosophes, les métaphysiciens, les scientifiques et les théologiens de toutes les époques, imprégnant ainsi un large éventail de philosophies et de dogmes religieux, ainsi que des théories concurrentes de la théologie et de l'étude métaphysique de l'existence. Le point de vue hermétique, cependant, soutient que tout ce qui <u>est doté d'un début et d'une fin, par sa nature même, ne peut être considéré comme réel ou vrai au sens absolu</u> - un principe, ce dernier, qui s'applique universellement, même au Cosmos lui-même. En effet, sur le plan de l'absolu, rien n'existe en dehors du Tout ; et même les élucubrations sur les conditions d'existence (ou sur le fait de savoir si l'Univers est matériel ou une création mentale du Tout), se situent dans un domaine éphémère, *limité par le temps, l'espace et le changement contingent.* Afin d'approfondir la conception mentale du Cosmos dont nous faisons partie, il est donc essentiel de méditer sur les différentes opinions qui peuvent favoriser ou réfuter le *point de vue* des anciens. Tout d'abord, il est bon d'admettre que la vision absolue <u>ne représente qu'une facette de la réalité.</u> De l'autre côté, nous trouvons la dynamique perceptive de la *vérité relative, que nous pouvons définir comme celle perçue par l'humanité,* par opposition à l'absolutisme connu uniquement par le Mental Divin supérieur - par cette Intelligence dont nous avons parlé dans les chapitres précédents. Pour le Tout, en bref, l'Univers peut être à la fois réel et imaginaire, un rêve ou une méditation ; <u>mais pour les esprits finis qui en font partie, il apparaît concret et doit être traité comme tel.</u> Tout en embrassant la perspective absolue à un niveau théorique, que ce soit en tant que scientifiques, théologiens ou philosophes, nous ne devons jamais tomber dans l'erreur grossière et quelque peu naïve d'ignorer et de nier la réalité de l'Univers telle qu'elle se manifeste à nos perceptions humaines. Il est essentiel de garder à l'esprit que nous ne sommes pas le Tout, mais seulement une partie de celui-ci.

Ce que j'essaie de dire, chers lecteurs, c'est que l'expérience tangible de la matière, perçue par nos sens, pose un défi à notre compréhension de la vérité factuelle. Ce que nous appelons communément la *matière* est en fait un *ensemble d'atomes*, qui sont à leur tour considérés comme des électrons ou des ions - en bref, des unités d'énergie en mouvement constant et circulaire. Lorsque nous interagissons physiquement avec le monde, par exemple en frappant une pierre du bout de notre chaussure, nous percevons la solidité de la pierre en vertu de la réaction entre les particules de matière de notre pied et celles de la pierre. Le signal d'impact est ensuite transmis à notre cerveau, qui le considère comme *réel*. La perception est cependant <u>médiatisée par notre esprit</u>, sans lequel nous n'aurions conscience ni du pied ni de la pierre. L'interaction en question s'étend également aux domaines *créatifs,* tels que l'art et la littérature, où les artistes et les écrivains façonnent leurs projections mentales de manière à permettre aux autres de les reconnaître d'une manière cohérente et cohésive. *Mais si cela est vrai pour nos esprits finis, à quel point les images mentales stockées dans l'Infini doivent-elles être plus significatives ?*

Pour nous, créatures finies, l'existence mentale se manifeste de manière réelle, bien que notre compréhension puisse être progressivement approfondie si seulement nous pouvons nous rapprocher du point culminant de l'Absolu, c'est-à-dire de ce que l'on appelle, dans les pages du *Kybalion,* *l'esprit du Père* - avec une référence claire au monde religieux. Ce n'est qu'alors, au terme de ce voyage, que nous pourrons être assimilés par le Tout. Nous ne devrions donc pas trop nous concentrer sur la nature illusoire de l'Univers, mais plutôt essayer de comprendre et d'utiliser ses lois pour améliorer notre chemin d'évolution vers des états plus élevés. Le fait que l'Univers ait une nature mentale ne diminue pas la validité de ses lois universelles, auxquelles tout est soumis sauf le Tout lui-même. Ce qui existe dans l'esprit infini du Tout possède une réalité intrinsèque, définie par l'essence même du Tout. Cela devrait suffire à nous obliger à adhérer à la vision relative du cosmos et de ses manifestations.

La matière représente donc un *défi important* pour les individus mortels, en particulier lorsque nous nous concentrons sur le plan matériel tout en sachant que notre objet d'étude est composé d'un ensemble d'électrons ou de particules de force, qui se déplacent avec des vibrations rapides à l'intérieur des structures atomiques. Les atomes, en vibrant, forment des molécules qui, à leur tour, s'agrègent et donnent naissance à des masses matérielles plus volumineuses. Ce n'est qu'ainsi, à travers l'étude des dogmes hermétiques, que nous comprenons que les électrons ne sont rien d'autre que des unités de force, des expressions de l'Esprit du Tout, et que, comme tout ce qui se trouve dans la boîte cosmique, la matière possède elle aussi une nature *fondamentalement mentale*. Néanmoins, alors que nous continuons à nous déplacer sur le plan matériel, nous devons reconnaître ses phénomènes et accepter la possibilité d'exercer un contrôle sur chaque *quidam* qui nous entoure. La capacité d'influencer la matière est obtenue en appliquant des lois et des forces qui appartiennent aux plans supérieurs de l'existence. Il serait irrationnel de nier l'existence de la matière dans son sens relatif ; nous pouvons rejeter sa domination sur nous, mais nous ne devons pas ignorer sa présence et son impact sur le plan matériel. De même, les lois naturelles conservent leur constance et leur efficacité dans le temps, même si elles sont reconnues comme de pures et simples créations mentales. Elles se manifestent à travers les différents plans d'existence.

En tant qu'aspirants adeptes hermétiques, nous avons la possibilité d'apprendre à utiliser les lois inférieures en appliquant les principes supérieurs, mais cela ne nous dispense pas de respecter la loi elle-même. Seul le Tout, étant la Loi par excellence dont toutes les autres découlent, peut la transcender. Les maîtres les plus expérimentés et navigateurs peuvent atteindre des pouvoirs considérés comme (presque) *divins*, mais il existe de nombreuses autres entités naturelles dont la puissance dépasse même celle des plus grands hommes d'hier et d'aujourd'hui. Cependant, même les créatures les plus suprêmes, dont les capacités dépassent celles que les hommes attribuent à leurs dieux, restent soumises à la loi universelle. Il est donc absurde de considérer les lois de la nature comme *irréelles, imaginaires et illusoires.*

Les lois dont nous avons compris l'existence dans les chapitres précédents sont (et restent) des expressions de la volonté du Tout ; elles régissent l'existence d'une manière qui est toujours la même et qui ne peut être ignorée ou transgressée. Leur nature mentale, si on ne la considère plus comme une limitation *sui generis,* met également en évidence la profonde interconnexion entre l'esprit et la réalité physique. Dans ce contexte, <u>les lois qui régissent l'Univers restent incontournables et perpétuelles.</u> *En elles se reflète la réalité mentale substantielle qui sous-tend tout ce qui existe.*

Rappelez-vous le principe du mentalisme. Il offre une vision de l'Univers (et de ses manifestations terrestres) qui ne contredit en rien les conceptions scientifiques contemporaines du cosmos, de la vie et de l'évolution du vivant, mais qui coexiste harmonieusement avec les avancées de la science. Alors que ces dernières décrivent le Cosmos en termes de matière ou d'énergie, les enseignements du Trismégiste proposent que son essence même soit de nature mentale. En apparence, nous sommes en présence d'une contradiction. Cependant, la perspective ci-dessus n'est pas différente du concept d'*énergie infinie et éternelle* théorisé par Herbert Spencer, que de nombreux hermétistes considèrent comme un remaniement moderne d'anciennes vérités dogmatiques. Spencer lui-même est considéré par certains adeptes comme la réincarnation d'un philosophe antique, dont les idées sur les lois naturelles et l'énergie s'alignent étroitement sur les principes de la philosophie égypto-hellénique. Selon la philosophie d'Hermès, en effet, *tout est esprit, l'univers est mental.* L'hypothèse en question ne demande pas d'abandonner les connaissances acquises dans la sphère scientifique, mais plutôt de les intégrer à une compréhension plus large : chaque phénomène est intrinsèquement lié à l'Esprit supérieur qui gouverne le Cosmos dans toutes ses composantes. Avec une telle clé d'interprétation, même les partisans des théories de Spencer et les chercheurs dans les domaines les plus disparates du savoir humain peuvent considérer leurs connaissances sous un jour nouveau, en acceptant que les principes hermétiques soient en mesure de clarifier des aspects moins compris du Tout, et d'éclairer les zones d'ombre de la connaissance traditionnelle. Ainsi, l'interaction entre l'hermétisme ancien et les avancées modernes n'est pas incompatible, comme beaucoup le croient sans connaître leur objet d'investigation. La pensée du Trismégiste a influencé les *philosophes grecs de l'Antiquité,* dont les idées sont à la base de la médecine, de la physique, des mathématiques, de la géométrie et de la chimie contemporaines. Certes, sur le plan factuel, l'adoption du principe du mentalisme représente le premier point de divergence et de rupture entre la vision scientifique et l'approche d'Hermès (et de ses disciples). Cependant, il existe une convergence croissante entre les deux perspectives. La recherche matérialiste, dans son exploration de la réalité fondamentale, a commencé à tracer des voies médianes que les dogmes du Trismégiste ont déjà battues depuis des millénaires, d'âge en âge.

Les érudits qui n'ignorent pas le principe du mentalisme hermétique gagnent à le comprendre et apprennent à connaître, utiliser et appliquer ses lois de manière totalement automatique. Cependant, comme l'avertit le *Kybalion (dans la citation qui ouvre cette section approfondie),* il est crucial de résister à la tentation de tomber dans le piège qui trompe le *demi-sage.* Il finit par vivre dans une sorte de *transe perpétuelle,* comme prisonnier d'un monde imaginaire, éloigné de la réalité vécue, jusqu'à ce que, par sa propre confusion, il se heurte aux dures vérités de la vie.

Au contraire, le maître qui, selon le *Kybalion,* travaille en utilisant les *lois supérieures* pour dominer les *lois inférieures,* pratique l'art de l'alchimie pour transformer ce qui est sans valeur en ce qui a vraiment de la valeur ; ce faisant, il se place sur le mont Olympe du Tout et triomphe pleinement. Bien sûr, nous ne devons pas oublier que cette approche nous oblige à garder nos distances avec la *demi-sagesse* qui, confondant réalité et illusion, se perd dans des rêves stériles et des fantasmes irréalisables. Il doit toujours s'agir du véritable usage des lois universelles, qui permet de surmonter les difficultés et de s'élever vers des plans d'existence plus élevés. L'invitation n'est donc pas de nier la réalité de l'univers dans lequel nous vivons. Bien que relative, elle reste pour nous une réalité et un contexte dans lequel nous pouvons jouir de notre vie. La mission de l'adepte de Trismégiste n'est donc pas de rejeter l'existence de l'Univers, mais de *la vivre pleinement* en utilisant les lois naturelles pour s'élever. Ce n'est qu'ainsi qu'il sera possible de relever les défis quotidiens pour atteindre des états de conscience plus élevés. Le véritable sens de la vie peut être obscur pour ceux qui se trouvent sur un plan d'existence limité. Cependant, les autorités supérieures et notre intuition personnelle nous guident vers une compréhension factuelle des principes susmentionnés - malgré le fait qu'il y ait de nombreux obstacles à surmonter sur le chemin. Le *Kybalion* offre donc une nouvelle perspective sur le statut de la connaissance : en tant qu'êtres finis, nous sommes des voyageurs sur un chemin qui va de bas en haut. Nous nous arrêtons parfois pour nous reposer, mais il est important de garder à l'esprit les messages du Trismégiste et d'accepter que la transmutation, plutôt que la *négation*, est l'outil du *véritable maître*.

Extrait de *Wikipédia* : « [Selon Herbert Spencer] les limites de la connaissance humaine sont inhérentes aux processus mentaux eux-mêmes. L'activité scientifique est basée sur la remontée de cas particuliers vers des règles générales. Ces règles générales seront à leur tour ramenées à des principes ultimes qui, ne pouvant plus être ramenés à quoi que ce soit d'autre, seront en fait inexplicables. <u>Spencer annonce ainsi la relativité de la connaissance, qui procède par généralisations et relations entre les faits sans jamais pouvoir aboutir au principe unitaire qui les sous-tend.</u>

C'est donc l'inconnaissable, le fondement métaphysique de toute réalité empirique. *L'inconnaissable est également l'objet constitutif de la religion.* L'essence ultime de la religion est que "l'existence du monde avec tout ce qu'il contient et tout ce qui l'entoure est un mystère qui doit toujours être interprété". <u>Tant la science que la religion doivent s'arrêter devant la limite de l'Inconnaissable, la science s'arrête, elle ne peut aller plus loin,</u> tandis que la religion en fait un objet de vénération et de foi. Puisqu'il faut au moins comprendre l'Inconnaissable absolu pour avancer sur la voie de l'évolution, Spencer distingue la limite de la relativité de la conscience d'une "énergie infinie et éternelle d'où dérivent toutes les choses" ; *il adopte ainsi une grande partie de la doctrine philosophique hermétique, à partir du texte semi-anonyme du Kybalion, pierre angulaire littéraire de l'hermétisme,* dont Spencer considère l'auteur comme une réincarnation d'Héraclite, et donc comme un patrimoine culturel de référence pour tous les spécialistes de la philosophie ».

Le principe du RYTHME

« Tout coule, à l'extérieur comme à l'intérieur ; tout a ses marées ; tout monte et descend ; le principe du pendule se manifeste en toute chose ; la mesure de l'oscillation de droite est égale à l'oscillation de gauche ; tout est équilibré par le rythme ».

Nous lisons dans le *Kybalion* :

« Cette affirmation montre clairement que dans chaque élément, il y a un mouvement de va-et-vient, une symétrie ininterrompue entre les extrêmes. Il y aura toujours une action et une réaction opposées ; à chaque descente correspondra une ascension. Ce principe s'applique universellement aux mondes, aux êtres humains, aux animaux, à l'esprit, à l'énergie et à la matière. Ce principe se manifeste dans la formation et la dissolution des mondes, dans la vie de chaque entité et, en fin de compte, dans les processus mentaux des êtres humains, grâce auxquels les érudits hermétiques parviennent à comprendre la loi fondamentale. Les adeptes de l'hermétisme ont compris ce principe, en identifiant son applicabilité universelle, et ont découvert des méthodes pour atténuer ses effets par l'utilisation de formules et de techniques spécifiques, en adoptant la Loi Mentale de Neutralisation. *Ils ne peuvent pas éliminer le principe ou arrêter son action, mais ils ont appris à éviter partiellement ses effets sur eux.* Ils ont acquis la capacité de l'utiliser, plutôt que d'en être les victimes.

Lorsqu'un hermétiste se polarise sur un certain point, il neutralise le mouvement de balancier qui le pousserait vers l'extrême opposé. Ceux qui ont atteint un niveau significatif de maîtrise de soi y parviennent, au moins en partie ; le Maître le fait consciemment, atteignant un niveau d'équilibre et de puissance mentale qui paraît extraordinaire à la majorité qui, au contraire, oscille d'avant en arrière comme un pendule. Ces pratiques d'opposition et de neutralisation du Principe de Polarité et de Rythme constituent un aspect crucial de l'Alchimie Mentale Hermétique ».

Je sais, je sais : à première vue, le dogme mentionné rappelle le dogme *vibratoire* ; il semble n'en être qu'une conséquence directe.

Mais prenons un peu de recul : la loi du rythme élargit le *principe de polarité* de manière à prouver la thèse selon laquelle l'univers (et chacune de ses composantes) évolue dans un cycle *continu et incessant* entre les pôles opposés d'une dualité. Ainsi, d'une part, la loi de polarité souligne la nécessité de ces forces opposées pour prouver l'existence même du Cosmos, et d'autre part, la loi de rythme décrit le mouvement *constant et prévisible entre ces deux pôles opposés*, à l'échelle universelle comme à l'échelle individuelle. L'univers lui-même est soumis à des cycles d'expansion et de contraction - un processus qui rappelle les marées et établit des parallèles avec la dynamique de la naissance et de la mort, du va-et-vient, de la manifestation et de la dissolution.

Cette boucle se retrouve dans une multitude de phénomènes naturels : *les galaxies, les systèmes solaires et la vie elle-même suivent un cycle de croissance et de décroissance* qui nous permet de renaître sans cesse sous de nouvelles formes. Le flux des marées, qui rappelle le souffle du cosmos lui-même, est un principe qui régit l'existence depuis des temps immémoriaux : *rien ne se perd, mais tout se transforme, passant d'un état à un autre dans un changement sans fin.* La matière et l'énergie ne disparaissent donc jamais complètement, mais évoluent dans une boucle perpétuelle. La vie, la mort et la renaissance se reflètent dans le rythme quotidien du lever et du coucher du soleil, ainsi que dans les phases ascendantes et descendantes de la lune. Dans cette dynamique naturelle, l'adepte du Trismégiste peut ainsi entrevoir le principe du rythme *à l'œuvre*. La loi en question rappelle la continuité de la vie et la danse éternelle entre les pôles opposés qui définissent l'essence même de l'existence. De même, le rythme de la Terre reflète profondément l'essence cyclique du monde et de ses manifestations. Avec le changement des saisons, nous assistons chaque année à une représentation vivante et tangible de la façon dont la vie suit son propre rythme intrinsèque, depuis l'éveil et le renouveau du printemps, en passant par l'apogée de la chaleur et de la vitalité de l'été, jusqu'au repli de l'automne et à la dormance de l'hiver. Ce cercle se répète sans cesse, mettant en évidence le mécanisme de la *naissance, de la vie, du déclin et de la renaissance* : un processus qui se déroule non seulement dans la nature extérieure, mais aussi dans la vie intérieure de chaque être humain.

Pensez-y, *chers lecteurs* : chaque moment de l'existence, du premier au dernier jour, s'inscrit dans un rythme qui régit toute forme de vie sur la planète. La mort, loin d'être considérée comme une *fin définitive*, marque plutôt le début d'un nouveau cycle et démontre de manière tangible la continuité intrinsèque de la vie qui transcende les *manifestations* individuelles, *subjectives et/ou particulières*.

Ce schéma va bien au-delà du cycle biologique et imprègne également tous les aspects de la vie intérieure. *Les pensées, les émotions, les désirs, les fluctuations climatiques, les vicissitudes de la fortune, la dynamique du pouvoir politique, la paix et les conflits*, ainsi que les *mouvements célestes*, suivent tous le même schéma d'action et de réaction, de flux et de reflux, d'expansion et de contraction. Les avancées vers un extrême induisent toujours une compensation vers l'autre extrême afin de préserver l'équilibre dynamique de l'univers.

Ainsi, le principe du rythme clarifié dans les pages du *Kybalion* suggère pareillement une vérité *capitale* detype mental : *chaque période de bonheur et de prospérité sera suivie d'une période de tristesse et d'épreuves, dans un cycle continu de hauts et de bas.* De mêmeque la joie atteint son apogée et s'estompe de même la tristesse est destinée à céder la place à une nouvelle sérénité individuelle. La boucle des émotions souligne surtout que l'expérience humaine est constamment dynamique, jamais statique, évoluant vers un nouvel état et un équilibre partiel renouvelé.

Dans ce contexte, le rythme est donc l'unique et inimitable *constante*, la force motrice qui nous guide à travers les différentes phases existentielles sans nier le mouvement de l'Univers lui-même. La compréhension de ce concept est fondamentale pour naviguer au mieux dans les inévitables fluctuations de la vie quotidienne, en gardant à l'esprit qu'à chaque déclin succède une ascension, et que chaque fin n'est que le début d'un nouveau cycle. *Ainsi, la vie se révèle être un processus éternel de transformation et de renouvellement, animé par le rythme incessant de l'existence.*

En d'autres termes, dans un monde en perpétuel changement, le seul aspect véritablement constant est le changement lui-même, qui se manifeste par un *flux* de révolutions constantes - grandes ou petites. Tout, à *chaque instant de son existence,* est endevenir ou en décomposition, en croissance ou en déclin, dans une boucle éternelle de hauts et de bas. Ce processus reflète la nature intrinsèquement duale de l'univers, issu d'une singularité qui échappe à la pleine compréhension humaine, mais qui se caractérise fondamentalement par une division en aspects *masculins et féminins, en forces positives et négatives, en énergies yang et yin.*

Comprenez-vous ce que je veux dire ?

La vie, avec ses *rythmes et ses marées,* sur le plan physique et mental, n'est rien d'autre que l'expression d'un effort pour trouver un équilibre entre certaines *composantes ambivalentes* qui sont nécessaires pour définir notre existence. La nature, dans toutes ses manifestations, cherche à préserver cet équilibre intrinsèque (en évitant toujours les extrêmes), *car c'est dans la modération que se trouve la tranquillité.* Les exemples concrets de ce principe sont nombreux et se retrouvent partout : les phénomènes climatiques les plus intenses affectent les déserts arides ou les terres stériles et gelées ; à l'inverse, c'est dans les climats tempérés que la vie s'épanouit dans toute sa biodiversité. Dans le même temps, même les décisions politiques les plus *extrêmes,* qu'il s'agisse de modèles libéraux ou conservateurs, tendent à ne satisfaire qu'une minorité de la population, alors qu'une approche modérée est généralement plus inclusive et acceptée par la majorité.

Il en va de même pour le sort réservé à cette loi cosmique sur le plan émotionnel : *in medio stat virtus* - disaient les Latins - comme pour rappeler que la modération et le bon sens sont toujours de mise. Les sentiments incontrôlés peuvent être aussi insupportables que les extrêmes naturels ou sociaux ; en effet, l'euphorie maniaque précède souvent des rechutes profondes dans la dépression et/ou d'autres pathologies invalidantes (bipolarité). La *stabilité mentale et l'équilibre perceptif ne se trouvent donc que dans la tempérance et dans l'équilibre des doubles opposés.* Or, le caractère essentiel de l'harmonie ne se limite pas à un seul aspect de l'existence, c'est un principe universel qui imprègne toutes les facettes de la vie sur terre. Qu'il s'agisse de la biodiversité animale et florale de nos écosystèmes, de la complexité des sociétés humaines, de la gestion des ressources vertes ou des dynamiques interpersonnelles, l'équilibre entre deux forces opposées est *fondamental.*

C'est dans la neutralité que la vie trouve à s'épanouir, les sociétés à prospérer et les individus à atteindre la paix intérieure. Ce que suggère le Kybalion, c'est précisément que chaque élément oscille entre les pôles *du yang et du yin, du positif et du négatif, du masculin et du féminin.* Et oui, ce sont aussi les facteurs qui échappent apparemment à cette subdivision pragmatique qui respectent le principe du rythme. La clé d'une vie harmonieuse et satisfaisante réside donc dans la capacité à naviguer entre les opposés avec une sagesse de maître hermétique, en s'efforçant toujours de préserver le point médian qui permet à <u>toutes les formes de vie</u> d'atteindre leur expansion maximale et à chaque personne de parvenir à une paix durable.

La vie, dans son essence la plus profonde, fonctionne selon un principe de *compensation constante.* L'équilibre atteint dans une phase provoque inévitablement un déséquilibre ailleurs. Le dynamisme se manifeste dans tous les aspects de la vie humaine quotidienne, de l'interaction atomique à la complexité des relations interpersonnelles, où l'attirance qui se crée entre deux personnes provoque des problèmes ailleurs dans le système. En résumé, l'harmonie n'est pas un état statique ; il s'agit plutôt d'un processus fluctuant, caractérisé par un *mouvement* sans fin qui génère un *mouvement et une variation* sans fin - dans une boucle continue.

C'est là que nous pouvons entrevoir le sens le plus intéressant et le plus pragmatique de la vérité véhiculée dans les pages du *Kybalion.*

Comprendre le principe du rythme, c'est s'assurer un avantage concret : les maîtres et les adeptes qui reconnaissent sa dynamique sont également capables de prévoir et d'accepter les fluctuations existentielles comme faisant partie intégrante de la vie elle-même. Ce n'est pas seulement la maturité individuelle qui s'améliore, mais aussi la conscience et l'acceptation de soi qui en découlent.

Avant de vous laisser au principe suivant cher lecteur, permettez-moi d'attirer votre attention sur une autre réflexion contenue dans les pages du manuscrit du vingtième siècle. Tout comme la loi du rythme, la loi de *compensation* est un pilier fondamental de l'enseignement du Trismégiste car elle souligne le fait que toute action et réaction dans l'Univers est équilibrée et *contrebalancée*. Le principe en question, illustré par la métaphore du *pendule qui oscille* de droite à gauche dans une boucle constante, tente d'attirer l'attention des adeptes sur une dynamique primordiale : chaque oscillation dans une direction entraîne une oscillation correspondante dans la direction opposée. Cette loi, tout comme la loi du rythme, se manifeste dans une multiplicité hétérogène de phénomènes du monde physique, tels que le mouvement des *marées*, le *cycle des saisons* et la *trajectoire d'un objet lancé en l'air* qui parcourt la même distance lors de son retour au sol. Étendant ensuite cette vision au plan mental et émotionnel, les hermétistes les plus chevronnés enseignent que les états psychologiques des êtres humains obéissent au même principe d'équilibre et de contrepoids. Ceux qui éprouvent une grande joie sont aussi vulnérables et plus enclins à une profonde souffrance (et vice versa) ; inversement, ceux qui perçoivent moins intensément le mal ont aussi tendance à éprouver un plaisir *généralement* plus modéré. Cette règle cosmique ne concerne pas seulement les humains, mais aussi les autres espèces vivantes. Depuis toujours, la capacité d'aimer profondément s'accompagne souvent d'une plus grande prédisposition à la haine et au rejet, selon le tempérament de chacun.

C'est la raison pour laquelle le mentalisme, si récurrent dans les principes hermétiques, assure une compréhension à 360 degrés des mécanismes régulateurs de l'Univers, allant bien au-delà des manifestations physiques et englobe également les dynamiques *mentales et spirituelles*. Au centre de tout cela se trouve - une fois de plus - la nécessité de maintenir l'équilibre.

Ainsi, un bonheur intense est *souvent* précédé (ou suivi) de périodes de douleur. Mais cette corrélation n'implique pas nécessairement que le bien vienne avant (ou après) le mal, mais plutôt qu'il peut être considéré comme une *réponse rythmique à une souffrance antérieure*, qu'elle ait été vécue dans la vie présente ou dans la vie passée.

Selon le *point de vue* hermétique, la réincarnation joue un rôle crucial dans l'harmonie des contraires. Les existences successives offrent l'opportunité d'*expériences contrastées* dans un cycle continu d'apprentissage et d'adaptation perpétuelle. Cette vision se concrétise autour de la notion de **neutralisation**, qui permet de *s'élever au-dessus des dualités du plaisir et de la douleur pour accéder (avec un peu d'effort) à des états supérieurs de conscience de soi.*

En bref, la loi de compensation appliquée au principe du rythme met en lumière une dynamique que nous finissons par négliger de manière alarmante dans notre vie quotidienne : chaque aspect de notre vie est caractérisé *par un équilibre intrinsèque entre ce que nous gagnons (accumulation) et ce que nous perdons (sacrifice).* Ainsi, même les disparités matérielles et spirituelles apparentes sont, en réalité, des parties d'un plus grand dessein unifié. Ces lois (et les autres) que vous avez appris à connaître agissent sans cesse pour rétablir l'harmonie originelle, *parfois à travers des cycles qui s'étendent au-delà d'une seule existence,* afin d'offrir une perspective pleine d'espoir et de compréhension à l'être humain plongé dans son tumultueux voyage d'évolution constante.

LE PRINCIPE DE CAUSE À EFFET

« Toute cause a son effet ; tout effet a sa cause ; tout se passe selon la loi ; le hasard n'est qu'un nom donné à une loi non reconnue ; il y a plusieurs plans de causalité, mais rien n'échappe à la loi ».

De tous, le principe de cause à effet semble être le plus ancré dans la réalité factuelle et scientifique de la modernité.

Mais est-ce vraiment le cas ?

Interrogeons le *Kybalion* et essayons donc de discerner la dynamique de son sens :

« Ce concept [le principe de cause à effet, ndlr] met en évidence l'existence d'une raison derrière chaque conséquence (et vice versa), soulignant que tout se produit selon des règles précises, niant l'existence d'un pur hasard. Cela signifie que tout événement <u>n'est pas le fruit du hasard mais suit une loi universelle</u> ; *chaque niveau de cause et d'effet est soumis à cet ordonnancement*, les niveaux supérieurs ayant une plus grande influence sur les niveaux inférieurs, tout en restant dans le cadre de cette loi immuable. Par l'étude de l'hermétisme, il est possible, jusqu'à un certain point, de dépasser le mécanisme ordinaire des causes et des effets et de devenir ainsi l'architecte de son propre destin. *La plupart des gens sont influencés par leur environnement, guidés par la volonté d'autrui, l'héritage génétique et culturel et d'autres facteurs externes.* Cependant, ceux qui parviennent à une meilleure compréhension <u>sont capables de contrôler à la fois leurs émotions et leur environnement extérieur</u>, se transformant de simples effets en causes actives dans leur vie. Ces personnes jouent activement sur le terrain de la vie, au lieu d'être jouées par les circonstances. Ils appliquent ce principe pour guider leurs actions, en respectant les lois des dimensions supérieures. Cette vision renferme une vaste connaissance hermétique, accessible à ceux qui sont capables de la comprendre et d'en tirer profit ».

L'idée de pouvoir influencer l'ordre structurel des événements laisse les maîtres et les adeptes (potentiels) du Trismégiste pantois. Est-il vraiment possible - se demande-t-on - de transformer une cause x en une conséquence y contrôlée au sein d'un système stable ? Si tel est le cas, il n'est pas surprenant que les plus illustres hermétistes du passé aient été considérés comme des *divinités*, des *illuminati* ou des *pseudo-enchanteurs* dotés de pouvoirs surnaturels.

Prenons donc un peu de recul et analysons la question à la lumière de ce que nous avons appris dans ce chapitre (et dans les chapitres précédents).

Une lecture approfondie du *Kybalion* révèle la chose suivante : ce que nous attribuons communément au *hasard* n'est rien d'autre que l'effet de *causes cachées*, dissimulées au-delà de la perception et de la compréhension immédiates. Le terme lui-même (*hasard*), dérive du concept d'une *chose* qui tombe *par hasard*, qui *se précipite* dans un système contingent de choses - comme le jet de dés, par exemple - rappelant un événement sans motivation apparente.

Cependant, en y regardant de plus près, on se rend compte que même la *chute d'un dé* sur une surface solide n'est pas du tout aléatoire, mais suit des lois précises, analogues à celles qui régissent les mouvements des planètes autour du soleil. Certes, il existe des dynamiques naturelles que nous ignorons, mais cela n'enlève rien au fait que le hasard est un concept dicté davantage par l'ignorance humaine que par les mécanismes régulateurs des manifestations cosmiques.

Réfléchissez un instant : pour prédire le résultat d'un lancer de dé, il faudrait prendre en compte différents éléments (par exemple, la position initiale des deux cubes, l'énergie utilisée par la main et les conditions de la chute). Au-delà de ces raisons interprétables et observables, il existe d'autres facteurs inconnus qui influencent le résultat du lancer. Grâce à des observations répétées dans le temps, il s'avère également que les *résultats tendent à se répartir uniformément sur le long terme* : c'est la loi de la moyenne.

Un exemple ? Si vous jouez à pile ou face un nombre suffisant de fois, les résultats du *pile* et du *face* tendront à s'équilibrer. Le phénomène en question se produit à la fois dans des cas isolés et dans l'agrégat de multiples occurrences interdépendantes. Tout respecte donc le principe de cause à effet. S'il était possible de connaître toutes les variables en jeu, on pourrait prédire avec précision le résultat de chaque lancer, ce qui confirmerait qu'avec les mêmes causes, on obtiendra les mêmes résultats. L'approche ci-dessus permet de comprendre le fonctionnement d'une dynamique que beaucoup d'entre nous ne parviennent pas à traiter cognitivement au quotidien, à savoir que rien ne se produit en *l'absence d'une cause* ou, plus précisément, d'une *combinaison de causes en connexion mutuelle.* Les expériences, aussi aléatoires qu'elles puissent paraître et dépourvues d'explication logique et rationnelle, ont toujours un ensemble sous-jacent de motivations détaillées qui déterminent leur occurrence. C'est la raison pour laquelle les hermétistes de tous rangs devraient développer une compréhension des événements qu'ils observent dans les mondes intérieur et extérieur.

Cela ne signifie pas qu'un événement unique provoque directement une chaîne d'autres événements ; il convient plutôt de souligner qu'*un immense réseau d'énergie créatrice* relie toutes les dynamiques matérielles à un tissu universel de *causes et d'effets (potentiellement) infinis.* Un événement isolé n'a donc pas le pouvoir de générer une multiplicité d'autres événements de manière <u>linéaire et simple,</u> mais plutôt de provoquer une séquence ordonnée qui reflète la continuité de l'existence ; une séquence dans laquelle *chaque cause trouve son origine dans une raison antérieure* et, à son tour, devient la cause d'autres événements qui se produiront dans le futur.

J'imagine que mes propos ont un effet quelque peu déstabilisant sur vous. Prenons l'exemple d'un événement très banal : la chute d'une pierre sur un toit. À première vue, il ne s'agit que d'un simple accident. Cependant, une enquête plus approfondie nous permet de réaliser qu'il cache une chaîne de causes (par exemple, la pluie qui a érodé le sol autour de la pierre, les processus géologiques qui ont formé la partie rocheuse, la force de gravité qui favorise la chute d'un objet vers le centre de la Terre et ainsi de suite, en remontant jusqu'à l'origine de Tout).

Une fois de plus, la loi des correspondances nous permet d'étendre notre réflexion à l'histoire individuelle de chaque être vivant. Même le passé généalogique d'une personne, *qui comprend des millions et des mil-*

lions d'ancêtres générationnels, est une métaphore qui permet de démontrer de manière irréfutable que *derrière chaque événement, aussi insignifiant soit-il, se cachent d'innombrables causes*. Retracer l'origine d'un simple grain de poussière à travers le temps illustre encore mieux le concept : les particules immatérielles qui composent l'atmosphère et se déposent sur les meubles de nos maisons sont elles aussi le produit d'une longue séquence de transformations *(de la matière organique au carbone, et au-delà)*, jusqu'au moment où, parvenant à notre connaissance, elles provoquent une longue concaténation d'autres événements.

L'écriture de ces mots est un exemple de la façon dont une *somme* apparemment modeste peut avoir des répercussions profondes et imprévisibles - peut-être en influençant le travail des formateurs, des correcteurs, des éditeurs et, en fin de compte, des lecteurs qui apprennent un *ensemble* d'informations véhiculées à l'aide d'une langue qu'ils connaissent. Vous comprenez bien que l'activité d'*écriture*, en elle-même, va bien au-delà de l'ici et du maintenant. C'est une activité qui englobe diverses sphères de l'existence - pour certains, ce sera du travail, de l'engagement et du dévouement professionnel (le correcteur ou l'éditeur), tandis que pour d'autres (vous qui me lisez), ce sera l'occasion d'apprécier (ou non) la philosophie du Trismégiste qui nous a été transmise au fil des millénaires.

Intéressant, n'est-ce pas ?

Personnellement, je crois que la loi de cause à effet, aussi triviale et familière soit-elle, même pour les *non-initiés à* l'hermétisme, est aussi celle qui nous permet de reconnaître concrètement l'imbrication des expériences dans le quotidien. Comprendre que *rien n'est dû au hasard* ravive notre curiosité et notre imagination : comment intervenir dans le réseau des événements interconnectés pour devenir les architectes de notre propre destin ? Après tout, si tout est déjà prédéterminé, nous devons également supposer que la liberté individuelle et l'indépendance sont vouées à disparaître.

Mais en est-il vraiment ainsi ?

Le célèbre philosophe de Königsberg, Emmanuel Kant, a été l'un des premiers à soulever la question. Dans sa *Critique de la raison pratique* et sa *Critique de la raison pure*, le penseur a concentré ses études sur la tension naturelle qui existe entre deux domaines : ce que l'on appelle le *déterminisme causal* - c'est-à-dire la compréhension de la loi de cause à effet sur chaque élément existentiel, du plus petit au plus grand - et la *liberté* qui régit également la moralité humaine. En effet, dans le cas contraire, même le plus sanguinaire des criminels serait impunissable - il agirait selon un principe de cause à effet qui le *déresponsabiliserait* de ses actes. Cependant, Kant estime que pour agir de manière moralement acceptable, il est nécessaire d'accepter que chaque être humain est toujours libre de décider entre une multiplicité d'actions. Dans le cas contraire, les concepts de culpabilité, de mérite ou de responsabilité perdraient leur sens et conduiraient à l'effondrement de la société telle que nous la connaissons aujourd'hui. Dès lors, pour sortir de l'impasse et de l'apparente contradiction dans laquelle il se trouve, Kant introduit une distinction qui s'applique également parfaitement au point de *vue* du *Kybalion* : il existe un **monde des phénomènes** *(phénoménal),* soumis aux lois de la nature et donc au déterminisme, et un monde qu'il appelle **nouménal**, le domaine de la liberté *avec un grand L.* Selon le philosophe autrichien, s'il est vrai que nos actions dans le premier microcosme peuvent être déterminées par certaines causes antérieures (par exemple, vous, *lecteur/lectrice,* avez acheté le manuel que vous tenez entre les mains parce qu'un vieil ami vous a conseillé de poursuivre la lecture du *Kybalion*), il est nécessaire de rappeler qu'il existe également des actions nouménales qui ne sont pas soumises à de telles lois causales (par exemple, après une lecture rapide de la table des matières, vous décidez de ne pas acheter le livre et de ne pas poursuivre l'étude du manuscrit du vingtième siècle). La solution proposée par Kant est intéressante, car elle favorise la <u>coexistence des lois naturelles et de la</u>

liberté (expressive et non expressive) de l'individu, sans soulever d'autres débats.

La question se pose donc : Atkinson (et les Trois Initiés) connaissaient-ils les positions kantiennes ? *La réponse ne peut être qu'affirmative.*

Pourtant, les auteurs ont-ils soulevé la question du libre arbitre dans les pages de leur *Kybalion* ?

La seule référence que je puisse citer ici concerne le principe de cause à effet, mais elle est moins encourageante qu'on pourrait le penser. En effet, dans le livre, l'auteur (ou les auteurs) déclare(nt) vouloir éviter d'aborder cette question pour diverses raisons. Tout d'abord, parce que - selon les doctrines trismégistes - aucune des deux conceptions *(déterminisme et liberté)* ne détient la vérité absolue. Toutes deux représentent des *pseudo-vérités* ambivalentes selon le *principe de polarité*, qui les identifie comme les deux faces d'une même pièce, c'est-à-dire d'une même échelle d'intensité. Dans un tel scénario, la liberté individuelle et les restrictions varient en fonction de la perspective et du contexte considérés. Les enseignements anciens suggèrent que *se rapprocher du centre* signifie jouir d'une plus grande liberté, tandis que s'éloigner du point focal implique une augmentation des contraintes perceptives. La plupart des personnes qui abordent la lecture du *Kybalion* et la sagesse millénaire du Trismégiste sont conditionnées par leur milieu, leurs traditions passées et leur environnement ; elles sont également contrôlées par *des opinions, des habitudes et des pensées extérieures, ainsi que* par des émotions et des humeurs *subjectives*. La condition existentielle en question conduit inévitablement à un manque de contrôle sur la dynamique de la vie. Lorsqu'on les interroge sur la liberté, beaucoup déclarent qu'ils agissent de manière autonome et conformément à leurs rêves et à leurs désirs. Cependant, lorsqu'on leur pose des questions plus précises, ils peinent à expliquer l'origine de ces inclinations. C'est là que la notion de plaisir devient *énigmatique :* il n'y a pas de raison claire pour laquelle nous préférons un *prix x* à un *prix y*.

Cependant, seul un maître hermétiste est capable de manipuler ses propres pensées et causes passées, en les modifiant à volonté sur le plan de l'activité mentale. Les plus habiles sont donc capables d'influencer les émotions, les humeurs et les réactions aux stimuli externes (les leurs et ceux des autres).

Aussi désagréable qu'il soit à admettre, le *Kybalion* attire notre attention sur une vérité souvent négligée par commodité et amour-propre : beaucoup d'entre nous, poussés par l'environnement dont ils sont issus, sont manœuvrés comme des pions sur un échiquier. Les influences extérieures - y compris les désirs d'individus plus persuasifs que nous (par exemple les souhaits d'un parent ou d'un partenaire particulièrement étouffant) - dominent, minimisant la volonté de l'individu et sa capacité à résister aux chocs de la vie. Lorsque les modèles susmentionnés ne sont plus utiles, ils sont écartés pour faire place à de nouveaux *gourous*. Les figures de référence peuvent être très différentes de celles du passé, mais le mécanisme d'identification et d'*adaptation* reste inchangé. Pensez à l'enfant qui est suspendu aux moindres paroles de sa mère et de son père et qui, à l'âge de quinze ans, rejette l'amour parental, s'entoure d'amis plus forts et plus rebelles que lui et suit d'autres idoles (dans la musique, le sport, le monde du cinéma, et j'en passe). Les véritables maîtres qui se consacrent à l'étude des œuvres du Trismégiste comprennent cependant la dynamique de ce *jeu en chaîne* et s'élèvent au-dessus de la vie matérielle. Au contact de certaines forces supérieures, ils apprennent à contrôler leurs émotions, mais aussi leurs qualités intérieures et leur environnement, devenant ainsi des *joueurs actifs* sur leur propre échiquier. Ils abandonnent la passivité du pion et deviennent la main qui le déplace. En jouant un rôle actif aux niveaux supérieurs de l'existence, ils exercent une *domination sur la matière* et cessent d'être de simples instruments de la loi de cause à effet.

Nous lisons dans le *Kybalion* :

« En haut et en bas, la Loi est perpétuellement active, rendant obsolète le concept de hasard, cette entité étrangère et aveugle, grâce à la domination de la Raison. Avec notre compréhension actuelle, il est clair que la Loi gouverne tous les aspects de l'existence, d'une manière globale. Selon les écritures sacrées, même la chute d'un moineau n'échappe pas à l'observation de l'Univers dans son ensemble. *Aucun phénomène ne peut échapper ou s'opposer à la Loi.*

Cela ne signifie pas pour autant que l'être humain soit réduit à un simple mécanisme. En appliquant les principes hermétiques, l'*homme peut exploiter la Loi à son avantage, en subvertissant les lois inférieures par une volonté supérieure, jusqu'à ce qu'il atteigne un niveau d'harmonie avec l'Univers, devenant ainsi immunisé contre les lois elles-mêmes.* Pouvez-vous percevoir l'immensité de ce concept ? ».

C'est précisément avec cette dernière question qu'Atkinson interpelle ses lecteurs. Et qui sait si la compréhension de la dynamique humaine n'est pas aussi un (excellent) moyen de réfléchir de manière critique à notre propre vie.

LE PRINCIPE DU GENRE

« Le genre est dans tout et sur tous les plans ; tout a son principe mâle et femelle ».

Il s'agit du dernier principe révélateur contenu dans le *Kybalion* : le principe du genre.

Les Trois Initiés poursuivent :

> « Le principe du genre souligne que toute existence manifeste des aspects masculins et féminins, quel que soit le plan d'existence, qu'il soit physique, mental ou spirituel. Dans le domaine physique, ce principe s'exprime par le genre, mais dans les niveaux supérieurs, tout en se transformant, il conserve son essence. La création sous toutes ses formes, qu'elle soit physique, mentale ou spirituelle, a besoin de ce principe pour se réaliser. L'étude de ses lois éclaire des concepts

jusqu'alors inconnus de l'humanité, car le principe guide la génération, la régénération et la création dans toutes ses manifestations. Toute entité, qu'il s'agisse d'un objet ou d'une personne, incorpore des éléments masculins et féminins, chaque aspect féminin contenant des qualités masculines et vice versa, ce qui permet de comprendre de nombreux mystères de la vie. Il est toutefois important de distinguer ce principe noble et fondamental des théories et pratiques lubriques et dégradantes qui, sous des appellations trompeuses, tentent de réveiller d'anciennes formes de phallicisme. Ces approches, néfastes pour l'esprit, le corps et l'âme, s'écartent de la philosophie hermétique authentique, qui condamne fermement la luxure, le libertinage et la perversion des principes naturels. L'hermétisme prévient que ces enseignements négatifs sont non seulement nuisibles, mais aussi totalement étrangers à sa doctrine. Ceux qui recherchent de telles pratiques doivent se détourner de l'hermétisme, qui n'offre aucun soutien dans ce sens. Pour ceux qui ont le cœur pur, tout se révèle pur ; pour ceux qui sont corrompus, tout apparaît corrompu ».

Masculin et féminin : ce sont les deux opposés qui imprègnent les manifestations de l'Univers.

Cherchons la clarté.

Le septième principe du Trismégiste met en évidence l'universalité du genre qui, selon les auteurs du *Kybalion*, est présent à tous les niveaux de l'existence (même les plus bas). Il convient de souligner que, dans ce contexte, le terme de *genre* doit être considéré comme allant bien au-delà d'une simple distinction *sexuelle*, comme le rappelle d'ailleurs le manuscrit original. D'origine latine, le *genre* est avant tout synonyme de génération, de création et de production ; il englobe un champ sémiotique bien plus large que la sexualité biologique, qui n'est que l'une de ses manifestations du côté de la dimension physique.

Les *Trois Initiés* répètent que la loi du genre est bien plus qu'un dogme de conduite englobant des pratiques et/ou des habitudes sexuelles douteuses. Sans entrer dans le vif du sujet - après tout, le texte que nous analysons a été imprimé au début des années 1900, avant que la sexualité ne soit libérée par la révolution de 1968 -, un principe incontestable reste valable : la fonction première du genre est de *créer et de façonner de nouvelles entités*. Cette loi se manifeste <u>dans tous les aspects de l'existence</u>, bien que sa preuve reste encore complexe et que peu d'études nous permettent, à nous contemporains, d'en trouver la validité universelle. Malgré cela, il existe une multitude d'indices (scientifiques et pseudoscientifiques) de la présence d'un spectre de *genre* dans la nature : pensons aux corpuscules, aux ions et aux électrons, qui sont à la base des atomes et de la matière qui sous-tend tout. Or, le progrès scientifique a reconnu que l'unité de substance est le corpuscule *(l'ion ou l'électron)*. Ces derniers, par des mouvements et des vibrations de très forte intensité, s'agrègent autour d'un noyau positif. À y regarder de plus près, il s'agit là d'un reflet *complet* des concepts hermétiques du *masculin* (le positif) et du *féminin* (le négatif).

Personnellement, depuis que je me suis lancée dans la rédaction de *Révélations perdues : livres et évangiles apocryphes oubliés* pour retrouver les vérités cachées dans les textes sacrés (et autres) du passé, j'ai commencé à trouver des correspondances étonnantes entre les enseignements hermétiques anciens, les observations scientifiques modernes et le bagage culturel qui n'a pas été accepté par les dogmes religieux dominants (pensez à l'*Évangile de Thomas* ou à celui de *Marie-Madeleine*, auxquels j'ai consacré des textes spéciaux). En somme, découvrir que la *Sophia* (sagesse) de nos ancêtres est en cohérence avec les progrès technologiques récents nous offre une perspective intrigante sur l'étude des manuscrits les plus lointains de notre passé. Même le principe du genre est une preuve (théorique) de cette énergie omniprésente dans l'Univers que les scientifiques continuent d'étudier sans relâche, les yeux tournés vers le soleil, les satellites et les étoiles.

Revenons donc à nous et abordons la division conceptuelle entre *positif et négatif*.

Très souvent, la perception commune finit par attribuer à tort des caractéristiques *dévalorisantes* au pôle dit *négatif* de l'électricité, avec pour conséquence un malentendu sur la signification de ces deux termes opposés. En effet, dans le langage courant, le *positif* évoque la force, la réalité et le bien-être, tandis que son contraire suggère quelque chose de faible, de fragile ou de dangereux. L'interprétation en question n'a cependant rien à voir avec l'exemple donné dans les pages du *Kybalion*. Les Trois Initiés s'intéressent à la dynamique électrique d'un atome. Or, ce que l'on appelle généralement le *pôle négatif* d'une pile est en réalité le point de départ d'une nouvelle énergie et, par conséquent, d'une nouvelle vie. Il est donc préférable d'utiliser le terme de *cathode*. La cathode, d'origine hellénique, fait précisément référence à la *descente* et/ou à la *création* de quelque chose de nouveau. Rien à voir avec le sens désagréable attribué au *négatif* par le langage courant.

Le pôle en question est donc comparable à une source de nombreux phénomènes inhabituels qui ont rendu obsolètes les anciens manuels de physique et de chimie, poussant les scientifiques à embrasser des théories autrefois considérées comme invalides. Comme si cela ne suffisait pas, en plus d'être un *générateur d'événements électriques*, la cathode représente également l'une des formes de matière les plus fascinantes qui soient. Dans un tel scénario, les électrons ne sont rien d'autre que des *manifestations d'une énergie féminine* séparée d'un corpuscule *masculin*. Ce mouvement n'est pas accidentel, il vise à l'union du féminin avec un nouveau *quid* masculin, dans un processus décrit par les hermétistes comme une *recherche volontaire et rapide de l'unification des opposés*. La dynamique de la séparation et du couplage est fondamentale dans la plupart des processus chimiques. Les particules femelles sont influencées par l'énergie mâle et, par conséquent, vibrent et tournent autour d'elle avant d'aboutir à la formation d'un nouvel atome. Ce dernier, une fois formé, perd ses caractéristiques d'*électricité libre* et subit un processus connu sous le nom d'*ionisation*. Les électrons (ou corpuscules féminins) sont parmi les agents les plus dynamiques de la nature. Ils sont à l'origine d'événements extraordinaires - pensez à la lumière, à la chaleur, à l'électricité et au magnétisme. En ce sens, la fonction du *masculin-négatif* semble être de donner une direction et une impulsion à l'énergie *féminine-positive*. Toutefois, il convient de rappeler qu'aucune génération ne peut avoir lieu <u>sans la contribution mutuelle des deux principes</u>. L'interaction entre les deux pôles est la *condition sine qua non* des phénomènes naturels. Néanmoins, elle reflète également les principes hermétiques qui sous-tendent l'*union* et la *générativité*, considérées comme les forces créatrices de l'Univers.

Dans certaines formes de vie, les principes mâle et femelle coexistent donc au sein d'un même organisme, démontrant le fait que, dans le domaine du vivant, les deux sexes se manifestent simultanément dans une même entité. Les enseignements du Trismégiste exposent en détail les stratégies par lesquelles les deux principes de genre contribuent à la création et à la manifestation des différentes formes d'énergie cosmique. Cependant, même les Trois Initiés reconnaissent que la science moderne est loin de pouvoir fournir des preuves directes à l'appui de la thèse hermétique. En effet, il est intéressant de rappeler que le principe du genre, compris comme une force active dans les formes d'énergie et la matière organique, ouvre de nouvelles perspectives. Considérer l'électricité comme la fusion de deux pôles ambivalents, c'est accepter, indirectement, que la compréhension hermétique du genre puisse offrir une thèse interprétative universelle applicable à tous les phénomènes cosmiques. Les effets d'attraction et de répulsion entre les atomes, les affinités chimiques et la dynamique moléculaire sont traditionnellement analysés par la science sans recourir aux concepts de négatif et de positif, de mâle et de femelle. Cependant, si l'on considère que ces phénomènes sont soumis à la loi de Trismégiste et que l'on accepte l'idée que la matière tend à s'unir selon une dynamique d'attraction mutuelle entre des énergies opposées, on voit apparaître un modèle conceptuel qui peut offrir des explications alternatives à celles de la physique classique.

En bref, le point est central : bien que manquant de preuves scientifiques tangibles, l'approche trismégiste incite les néo-adeptes à observer les phénomènes physiques sous un jour nouveau. Cette perspective enrichit non seulement notre compréhension des mécanismes fondamentaux de l'Univers et de ses petites manifestations, mais propose également un paradigme mental dans lequel la *dualité et l'interaction entre le masculin et le féminin* jouent un rôle central dans la structure même de la réalité.

Intéressant, non ?

Cependant, l'analyse du monde physique n'est pas le seul champ d'investigation du *Kybalion*. La dimension de l'*esprit humain*, qui permet aux maîtres hermétiques de modifier activement la perception du genre, est également extrêmement importante. Procédons étape par étape, et faisons un saut conceptuel du macrocosme matériel à celui, intangible, de la psyché.

LE GENRE MENTAL

Commençons par la fin. La prévalence du **dualisme mental** dans la psychologie contemporaine est une question qui a fasciné un nombre croissant de chercheurs. À partir de 1893, Thomson J. Hudson s'est fait connaître par sa théorie de l'*esprit objectif et de l'esprit subjectif* présents dans chaque individu. Ses publications ont apporté une contribution fructueuse à la compréhension de la dynamique cognitive de l'être humain. Et c'est précisément de ces théories que les Trois Initiés se sont inspirés pour actualiser les dogmes hermétiques. Après Hudson, de nombreux autres chercheurs ont proposé des distinctions entre systèmes de pensée *conscients et inconscients, volontaires et involontaires, actifs et passifs.* Toutes ces thèses, bien que différentes sur le plan conceptuel, soutiennent l'idée qu'il existe une *dualité* substantielle de *l'esprit.*

Selon la vision helléno-égyptienne, c'est justement le *principe du genre* qui s'applique au niveau de la pensée. En ce sens, le masculin correspondrait à l'esprit *conscient, objectif et actif,* tandis que le féminin se trouverait dans le *subconscient, l'involontaire, le subjectif et le passif.*

En bref, le *point de vue du Kybalion* offre une clé différente aux théories psychologiques de la modernité, qui souvent ne reconnaissent pas l'intégration et l'interdépendance des deux dimensions. L'hermétisme soutient au contraire que la plupart des études modernes sur la polarité mentale manquent d'une compréhension profonde de la *nature complémentaire* des deux pôles.

Le concept d'Ego *(je suis)* se révèle, à l'analyse, être un mélange de deux aspects distincts mais collaboratifs ; bien qu'ils opèrent en synergie, ils peuvent également être analysés individuellement.

En d'autres termes, la distinction entre un « *je* » et un « *moi* » ouvre la voie à une conception profonde et complexe de l'identité personnelle, en attirant l'attention sur les nombreuses *couches de l'*existence humaine et leurs liens avec la base de la conscience de soi. Le « *moi* », souvent confondu avec le « *je* », représente l'ensemble des expériences personnelles, des émotions, des goûts, des habitudes et des traits de caractère qui contribuent à façonner la personnalité d'un individu. Le conglomérat de traits individuels est influencé par la loi du rythme et le principe de polarité, et provoque des fluctuations d'un extrême à l'autre dans la gamme des émotions et des sentiments. Le *Moi* de nombreuses personnes est intimement lié à la perception physique et aux *sentiments* corporels. Cette identification peut aller jusqu'à considérer les *dispositions personnelles* (et même les éléments extérieurs, tels que les vêtements, les caractéristiques somatiques, le maquillage ou une certaine coupe de cheveux) comme faisant partie intégrante du *Moi*. Nous nous retrouvons ainsi enfermés dans une vision réductrice, souvent limitée par la méconnaissance d'une dimension plus large de l'existence.

Cependant, au fur et à mesure que la conscience individuelle évolue, chaque personne peut apprendre à reconnaître son *ego* comme un *élément* distinct du corps physique. L'ego est plutôt une composante de la réalité mentale, et non l'essence de l'identité. Le processus de distinction permet à chacun d'entre nous d'identifier le *Moi* avec nos états mentaux intérieurs et nos émotions. Seuls quelques-uns sont capables de reconnaître que ces facteurs, bien qu'intimement vécus, ne sont pas des expressions du Moi profond (l'Ego). L'adepte qui entreprend un entraînement *ad hoc* est capable d'utiliser sa volonté pour transcender les fluctuations des sentiments et des perceptions somatiques afin de les juger comme des *conditions passagères* (plutôt que comme des éléments fixes de son identité la plus authentique).

Le processus en question exige un niveau très élevé de conscience de soi - que très peu sont capables de mûrir avec l'aide de la sagesse ancienne. Le résultat ? L'hermétiste apprend à percevoir sa propre essence au-delà des conditions changeantes du *Moi,* se rapprochant ainsi d'une compréhension plus cohérente et plus centrée de l'Ego. Le chemin vers le dépassement de la dualité mentale exige une concentration soutenue et une pratique délibérée ; ce n'est que par un entraînement approprié qu'il est possible de distinguer clairement ce qui est transitoire de ce qui constitue le noyau inaltérable de l'être.

Le *Kybalion* met en garde les lecteurs novices. En effet, le processus de scission entre un *Je* et un *Moi* conduit le praticien à une compréhension plus profonde de l'architecture mentale et des capacités cognitives. Le *Moi*, considéré comme une boîte de pensées, d'émotions et de souvenirs, est transformé en un lieu de production d'états transitoires. Cependant, son pouvoir créatif semble dépendre de la source de l'ego. Cette dynamique - la même que celle dont nous avons parlé à propos des électrons - exige non seulement une grande capacité de *fonctionnement mental*, mais aussi une compréhension de la manière dont l'énergie cognitive peut être conditionnée. La découverte de l'ego, considéré comme une entité capable d'*ordonner*, de *générer* et d'*observer* ensuite avec détachement le fruit de son travail, ouvre une nouvelle perspective de la conscience de soi. L'Ego est le pôle masculin, le Moi le pôle féminin. La dualité est la même que celle qui opère sur le plan de l'Univers. De plus, la corrélation « *comme en haut, comme en bas, comme en haut* » mentionnée dans les pages précédentes du livre que vous tenez entre vos mains réaffirme une vérité factuelle : le microcosme de l'esprit humain n'est pas sans rappeler les lois du cosmos. En particulier, le principe féminin, orienté vers la réception d'impressions et la génération de nouvelles pensées, évolue dans un champ vaste et hétérogène, et joue un rôle crucial dans la définition de la créativité et de l'imagination humaines. À l'opposé, le pôle masculin se concentre sur le renforcement de la volonté et l'expression active de la pensée. Il est évident que l'action combinée des deux éléments est nécessaire pour transformer les images mentales en créations *concrètes et originales*. Sans l'impulsion active du masculin, le potentiel du féminin resterait inexprimé ou limité à l'imagination (et vice versa). L'interaction entre un Ego et un Moi, ainsi que leur correspondance avec les principes de l'Univers, offre donc une clé pour sonder les dynamiques cognitives à un niveau moins superficiel que celui auquel nous sommes habitués. Et c'est précisément la sagesse du *Kybalion* qui permet aux adeptes d'accéder à des talents plus étendus et à des impulsions génératives, de gérer consciemment leurs énergies mentales et de développer une compréhension d'eux-mêmes à 360 degrés.

Dans les pages du manuscrit du XXe siècle, nous découvrons également que la capacité à concentrer constamment *l'attention et la pensée* sur un objet particulier implique l'utilisation active de la masculinité et de la féminité mentale ; la première stimule et renforce la productivité cognitive, tandis que la seconde s'occupe de la génération d'idées. Cependant, la plupart des gens ont tendance à faire un usage limité du principe masculin. La plupart vivent sur la base de pensées déformées et superficielles introduites dans le *Moi* par l'ego d'autrui (pensez aux influences externes ou aux modèles de comportement mentionnés dans le cadre de la loi de cause à effet). Le phénomène en question, bien qu'intéressant et largement étudié par les chercheurs contemporains, est documenté et discuté au-delà des domaines d'application du Kybalion. Il s'agit plutôt d'influences, de biais, d'erreurs de jugement et de persuasion humaine : autant de sujets que vous pouvez approfondir dans des ouvrages de psychologie et de neurosciences - si vous le souhaitez. Dans le texte des Trois Initiés, la compréhension des mystères cognitifs, tels que la télépathie, l'influence mentale et l'hypnotisme in *primis*, est mûrie à la lumière des enseignements hermétiques concernant la *vibration* et le *genre*. Les deux phénomènes démontrent incontestablement comment l'énergie vibratoire du masculin peut être projetée vers l'énergie féminine d'une autre personne, générant une *orientation de la pensée* qui se transforme en nouvelles impulsions mentales. Dans l'hypnotisme comme dans la suggestion, le *masculin* de celui qui exerce l'influence dirige un flux vibratoire (également appelé *volonté*) vers le féminin du récepteur, qui l'accepte, l'assimile et agit en fonction des dictats extérieurs. Cette dynamique permet de comprendre comment *une idée introduite dans l'esprit d'une personne peut se développer et devenir une partie authentique de son Moi*. En général, la loi du genre opère en coordination et en harmonie entre les deux opposés. Cependant, l'individu moyen n'exerce pas suffisamment son impulsion volitive, ce qui le rend extrêmement sensible aux influences extérieures qui peuvent dominer ou écraser sa capacité de pensée critique.

La conscience du « *je* » au-delà du « *moi* » est essentielle pour que la personne ne devienne pas une simple ombre, un écho de quelque chose d'autre. Pour réussir et éviter les pièges de la persuasion d'autrui, il est bon de prendre conscience des apports extérieurs et de leur interaction à la surface du Moi. L'épanouissement personnel et la liberté de pensée passent par la reconnaissance et l'utilisation de ces deux pôles. Ce n'est qu'ainsi, en exerçant un équilibre entre la création et la volonté, que l'on évitera d'être submergé par les influences d'autrui. C'est ainsi, nous rappelle le *Kybalion*, que l'on peut cultiver un esprit vibrant, actif et authentiquement personnel.

En effet, l'utilisation consciente du principe masculin est à la base des identités influentes et/ou autoritaires - des individus capables de persuader les masses et de maintenir un certain contrôle sur l'esprit des autres. Je fais référence aux figures de proue de notre société (ou de notre entourage proche), capables de semer leurs *pensées* dans l'esprit de la plupart des gens, orientant le groupe vers des modèles de jugement ou d'action conformes à leurs propres besoins, parfois sans même laisser de place à la conscience de soi de la *personne-personne. Le* magnétisme individuel, le charisme et la capacité d'influencer ses interlocuteurs sont autant d'exemples de la manière dont le pôle masculin peut agir efficacement dans la vie de tous les jours. Les acteurs qui émeuvent ou suscitent l'indignation de leur public, ou les leaders magnétiques qui semblent modifier naturellement les perceptions des autres, sont autant d'exemples de la manière dont ces dynamiques opèrent à travers la loi du genre. En particulier, la suggestion apparaît comme un mécanisme de première importance dans ces processus, car elle permet le transfert d'idées ou d'impressions émotionnelles d'un esprit à un autre. L'efficacité de la persuasion dépend de la compréhension et de l'application des principes mentionnés ci-dessus, et répond au sexe et à la vibration des autres.

Bien sûr, la terminologie psychologique classique pourrait décrire le phénomène en question comme l'influence de l'esprit objectif ou volitif sur l'esprit subjectif ou involontaire. Cependant, les enseignements du Trismégiste offrent aux adeptes de l'hermétisme une meilleure perspective ; un *point de vue* qui enrichit et élargit la compréhension originale, en mettant en évidence les stratégies employées par le masculin pour impressionner et influencer le féminin. D'un point de vue pratique, la loi du genre permet donc non seulement de mûrir une plus grande compréhension de soi et des autres, mais aussi de développer *plus de 110* compétences qui permettent d'influer positivement sur le monde extérieur, en exerçant une volonté bénéfique, consciente et intentionnelle. Le résultat est un itinéraire de croissance personnelle et spirituelle qui fournit également les moyens de façonner efficacement la réalité dans laquelle nous sommes immergés quotidiennement.

Le *Kybalion* ne va pas plus loin. Au sujet du dualisme mental, Atkinson rappelle que l'intention du manuscrit n'est pas de réitérer un contenu qui a déjà été largement éviscéré dans de nombreuses publications sur le sujet des phénomènes psychiques. Le *Kybalion* offre simplement un cadre conceptuel qui permet aux néo-adeptes d'interpréter le monde de la pensée d'une manière moins superficielle et naïve. Il aide à ordonner et à maîtriser les théories existantes, et permet au lecteur de se déplacer avec plus d'assurance dans un labyrinthe complexe de phénomènes mentaux souvent incompréhensibles.

Ce n'est qu'ainsi qu'il est possible de conquérir une sorte de *clé universelle* permettant d'accéder aux différentes portes du *temple hermétique de la connaissance*. Les enseignements du Trismégiste ne sont qu'une proposition d'interprétation pour éclairer les mystères de l'esprit humain et de ses manifestations changeantes. Il s'agit donc simplement de doter le public des adeptes novices des outils nécessaires pour interpréter les différentes doctrines occultes, clarifier les anciens dogmes qui peuvent paraître plus obscurs et concilier des théories qui, à première vue seulement, semblent se contredire. Le *Kybalion* devient un guide pour explorer et intégrer le vaste héritage de la connaissance ésotérique dans une perspective contemporaine, facilitant ainsi la compréhension des lois universelles qui régissent à la fois le microcosme de la vie individuelle et le macrocosme de l'univers, conformément au principe de correspondance.

LES AXIOMES HERMÉTIQUES

« La possession de la connaissance, si elle n'est pas accompagnée d'une manifestation et d'une expression d'action, est comme l'accumulation de pierres précieuses : une chose inutile et insensée. La connaissance, la richesse, est faite pour être utilisée. La loi de l'usage est universelle, et celui qui la viole souffre de son conflit avec les forces naturelles ».

*C*her lecteur, avant de conclure notre voyage à la découverte du *Kybalion* et de ses anciens dogmes, permettez-moi de dire quelques mots sur l'importance des axiomes hermétiques. L'invitation à vivre selon les doctrines du Trismégiste va au-delà de la simple compréhension théorique ; en effet, le *Kybalion* comprend également l'application pratique de la sagesse ancienne sur une base quotidienne. À cet égard, la loi de l'usage souligne que les connaissances acquises ne doivent pas rester confinées dans les livres ou dans l'esprit de ceux qui abordent l'étude helléno-égyptienne, mais qu'elles doivent s'exprimer à travers des *actions concrètes aux résultats tangibles*. La véritable utilité du savoir hermétique n'apparaît que lorsqu'il est transformé en réalité. Selon la loi de l'usage, garder pour soi les vérités apprises, sans les partager avec les autres, est une expression de vanité et de superficialité. Préserver le secret ne contribue pas à l'épanouissement personnel et au bien-être collectif.

Les axiomes et les aphorismes hermétiques servent donc non seulement à raviver l'intellect des néo-adeptes, mais aussi à guider l'action de ceux qui tâtonnent dans l'obscurité, à la recherche d'un phare qui leur montre la voie. Par leur application, les dogmes théoriques se transforment en règles de conduite vivantes et dynamiques. Celles-ci influencent non seulement le chemin spirituel de l'individu, mais aussi le monde qui l'entoure.

En ce sens, la sagesse du Trismégiste invite les lecteurs à un engagement constant et affirme que le véritable apprentissage se manifeste dans le modus operandi de l'individu, dans ses décisions et ses actions. Le *Kybalion* est un appel à être, certes, des étudiants ésotériques, mais aussi des acteurs conscients du grand œuvre de l'existence. Passons donc en revue quelques-uns des axiomes les plus importants.

- « *Pour changer d'humeur ou d'état mental, changez de vibration* ». La capacité de changer sa gamme vibratoire (mentale) est la première étape pour influencer un état émotionnel. Pour y parvenir, les Trois Initiés suggèrent d'utiliser la volonté pour diriger l'attention vers un *but désiré*, afin de changer radicalement sa vibration. Le processus en question montre comment la prise de conscience et le contrôle des énergies cognitives peuvent avoir un impact direct sur les *perceptions intérieures*. L'objectif est clair : mettre de côté la négativité et aborder la vie avec une plus grande proactivité mentale.

- « *Pour détruire un taux de vibration mentale indésirable, mettez en œuvre le principe de polarité et concentrez-vous sur le pôle opposé à celui que vous souhaitez supprimer. Débarrassez-vous de l'indésirable en changeant sa polarité* ». Cet aphorisme réitère l'influence de la polarité dans la définition des états cognitifs. Dès lors que le praticien se concentre sur le pôle opposé à celui d'un état indésirable, il modifie également la qualité de ses vibrations et facilite le dépassement de l'obstacle (émotionnel ou perceptuel). Par exemple, cultiver le courage au quotidien permet de neutraliser les manifestations liées à la peur. La technique en question invite à transformer l'obscurité en lumière, en ouvrant simplement une fenêtre sur un horizon invisible, symbolisant le passage d'un état négatif à un état positif.

- « *L'esprit (tout comme les métaux et les éléments) peut être transmuté d'état en état, de degré en degré, de condition en condition, de pôle en pôle, de vibration en vibration* ». L'aphorisme concerne, comme on le sait, la transmutation mentale : le processus de passage d'un état à un autre, en utilisant les principes de la polarisation. Cette loi, fondamentale pour l'alchimie mentale, met en évidence la manière dont l'individualité humaine peut être influencée par la compréhension et l'application des principes d'opposition. La maîtrise de cette loi permet non seulement de se transformer soi-même, mais aussi d'influencer positivement les autres (et son environnement).

- « *Les sages servent le plus haut, mais gouvernent le plus bas. Ils obéissent aux lois qui viennent d'en haut, mais leur plan, et ce qui est en bas est gouverné par elles. Et pourtant, ce faisant, ils <u>font partie du Principe, au lieu de s'y opposer</u>. Le sage s'inscrit dans la* *loi et, comprenant ses mouvements, il agit, au lieu d'en être l'esclave aveugle. Tout comme le nageur expert qui nage par-ci par-là, va et vient à sa guise, au lieu d'être comme la bûche qui est transportée ici et là, le sage est comparé à l'homme ordinaire et pourtant le nageur et la bûche, le sage et l'idiot, sont tous deux soumis à la Loi. Celui qui comprend cela est sur le bon chemin de la maîtrise ».*

Lecteur/lectrice : l'hypothèse selon laquelle l'Univers est de nature mentale est un pilier fondamental de la philosophie hermétique et met en évidence le pouvoir de l'esprit d'influencer et de transformer la réalité. Selon ce point de vue, la réalité extérieure n'est rien d'autre qu'une manifestation de l'univers mental et, par conséquent, tout changement que nous souhaitons apporter au monde extérieur doit d'abord être effectué dans la psyché. L'aphorisme ci-dessus offre une explication profonde non seulement des phénomènes psychiques qui ont captivé l'imagination du public au début du 20e siècle, mais aussi de toutes les manifestations mentales observées d'une époque à l'autre. En reconnaissant que l'Univers est fondamentalement opérationnel au niveau cognitif, il devient clair que la transmutation - c'est-à-dire le changement d'états, de conditions et de phénomènes par l'utilisation de la capacité de pensée de l'individu - est non seulement possible, mais aussi le moyen privilégié d'être des *nageurs*, et non *des billes jetées à la dérive par le courant.* Le principe hermétique révèle que l'esprit n'est pas une entité réactive, exclusivement soumise aux conditions extérieures, mais plutôt une force génératrice capable de façonner et de définir la nature de l'existence elle-même. Les dogmes du Trismégiste invitent l'individu à reconnaître le pouvoir de la psyché. Ce dernier est comparable à un instrument permettant de modifier l'environnement personnel et le monde extérieur. Dans un tel scénario, l'être humain porte une grande responsabilité : chaque pensée, habitude et activité intentionnelle contribue à la création continue de sa réalité factuelle. Ce n'est qu'ainsi, avec l'aide de la sagesse hermétique, que l'on devient un *cocréateur actif de l'expérience de la vie*, capable de transformer les limitations physiques et les circonstances extérieures à l'aide d'un modus operandi intentionnel. Ainsi, même ce qui est communément considéré comme *miraculeux* ou *surnaturel* par la plupart des gens peut être interprété sous une nouvelle lumière : non pas comme une violation des lois que nous avons apprises dans les chapitres précédents, mais comme une application *avancée* des capacités innées de l'esprit humain se manifestant en accord avec les lois universelles.

RÉFLEXIONS FINALES ET CONCLUSIONS

vant l'écriture de ce livre, j'ai dû lire le *Kybalion* des dizaines de fois. D'abord avec la curiosité d'un néophyte à la recherche d'un texte privilégié pour comprendre la sagesse hermétique. Ensuite, avec la certitude de pouvoir appliquer et partager les sept dogmes du Trismégiste dans ma vie quotidienne, afin de toucher également un nombre toujours plus grand de lecteurs. Personnellement, j'ai le sentiment d'avoir beaucoup plus appris du travail d'Atkinson que des nombreux textes ésotériques qui prennent la poussière sur mon étagère. Je n'aurais jamais cru cela possible. De nombreux détracteurs accusent le manuscrit des Trois Initiés d'être une combinaison de principes anciens et de philosophies modernes - dont beaucoup sont basées sur le développement personnel et le monde varié de l'*auto-assistance*. Pourtant, le côté *new age* du *Kybalion* n'est en aucun cas un obstacle à la diffusion d'une vérité avec un *grand V* qui peut avoir un impact positif sur la vie de millions de personnes. En effet, ce texte du XXe siècle réaffirme l'<u>importance d'être l'auteur de son propre destin sans pour autant subvertir les règles cosmiques dominantes</u> - celles qui dominent également les manifestations du Tout.

En y regardant de plus près, l'évolution des doctrines spirituelles à travers les différentes cultures et époques met en lumière une dynamique fondamentale de l'histoire humaine : *la quête incessante de sens*. Pensez par exemple à la façon dont les pratiques du bouddhisme ont été transformées lors du passage de l'Inde à la Chine, puis au Japon, en prenant des formes uniques telles que le *ch'an* et le *zen*. Les doctrines de l'Orient (et d'ailleurs) ont le droit (et j'ose dire le *devoir*) d'être réinterprétées de manière hétérogène afin de rester ancrées dans le présent et d'être pertinentes pour les générations à venir. Le processus d'adaptation culturelle ne dilue pas l'essence des philosophies originales ; il confirme plutôt l'universalité et la résilience des questions primordiales que les êtres humains se posent à eux-mêmes et à leurs dieux. Les questions sur la finalité, l'existence, la vie après la mort et la présence d'un créateur ou d'un ordre supérieur sont en effet des doutes intemporels qui imprègnent toutes les époques et toutes les civilisations. L'hypothèse selon laquelle, malgré les progrès technologiques et scientifiques, l'humanité continuera à chercher des réponses aux questions éternelles est aussi plausible que *profonde*. L'évolution continue de notre compréhension du monde physique n'atténue pas le besoin de rechercher un *sens intime*, une explication qui transcende les dimensions matérielle et temporelle. Les générations futures trouveront probablement de nouvelles façons d'explorer et d'exprimer les dogmes du Trismégiste, tout en conservant leur essence originelle. Ce processus ne rend pas les interprétations passées obsolètes, mais les place plutôt dans un *continuum* de recherche humaine qui embrasse à la fois le changement et l'harmonie. Ainsi, lorsque nous nous tournons vers l'avenir, nous pouvons être assurés que notre espèce continuera à se remettre en question, à l'instar de ce qu'ont déjà fait ses ancêtres, afin de trouver des réponses qui correspondent aux besoins contemporains. Cette exploration incessante, cet effort pour se connecter à quelque chose de plus grand que nous, est peut-être l'une des meilleures qualités que nous possédons par nature ; un fil qui nous lie à travers les siècles pour générer un tissu *de curiosité, d'espoir et d'aspiration*.

Alors, si ce livre vous a intrigué, vous a informé ou vous a été utile, n'oubliez pas de le partager avec le plus grand nombre possible d'aspirants hermétistes et - si vous le souhaitez - de laisser des commentaires spontanés sur Amazon. *Je me réjouis de lire votre avis et de poursuivre mon travail de vulgarisation.*

Pour l'instant, je vous laisse avec une citation du Kybalion lui-même :

« Les lèvres de la sagesse sont fermées, sauf aux oreilles de ceux qui veulent dire ».

Merci de m'avoir tenu compagnie jusqu'à la fin.

Bien à vous,

Ezra Herzog

BIBLIOGRAPHIE

- Atkinson, William Walker. Le Kybalion. 2019.

- Les trois initiés. Le kybalion. Une étude de la philosophie hermétique de l'Égypte et de la Grèce antiques. 2016.

- Les trois initiés et L. P. Lovari. Le Kybalion. Philosophic hermétique de l'Égypte et de la Grèce antiques. 2013.

- Les trois initiés. Kybalion : Les 7 principes de l'hermétisme. 2017.

- Tres Iniciados. El Kybalion. 2008.

- Trois initiés. Kybalion. Illustré : Étude de la philosophie hermétique de l'Égypte et de la Grèce antiques. 2022.

- Trois initiés. Le Kybalion : édition du centenaire. 2018.

- Trois initiés. Le Kybalion : une étude de la philosophie hermétique de l'Égypte et de la Grèce antiques. 2018.

À PROPOS D'ARCANA MUNDI

Arcana Mundi est plus qu'une simple marque. Nous sommes un portail vers l'inconnu : un pont entre le passé et le présent, une expérience littéraire qui interpelle l'esprit et touche l'âme. Notre équipe de chercheurs n'hésite pas à plonger dans les tréfonds de textes anciens et de manuscrits oubliés pour dénicher le joyaux cachés de la connaissance.

À travers les pages de nos livres, nous cherchons à remettre en question les croyances préconçues, à poser des questions inconfortables et à stimuler une profonde réflexion. Dans un monde qui se contente souvent de réponses faciles, nous enlaçons au contraire la complexité.

Choisir un livre d'Arcana Mundi, c'est se plonger dans un récit captivant et fascinant. Nos lecteurs ne sont pas de simples spectateurs mais plutôt des explorateurs voyageant avec nous, dans les ténèbres du passé afin d'émerger dans la lumière de la connaissance.

Rejoignez-nous dans ce voyage de découverte et d'illumination. Arcana Mundi vous conduira dans les couloirs secrets de l'Histoire, ouvrant les portes à de nouvelles perspectives et à d'extraordinaires révélations. Nos livres ne sont pas seulement des histoires ; ce sont de véritables clés pouvant ouvrir les portes sur la sagesse infinie du monde.

Printed in France by Amazon
Brétigny-sur-Orge, FR

20761946R00070